近代国宝

海外流失录

[日] 富田升●著 徐二红●译

崔学森 杨博●主编

中国画报出版社·北京

图书在版编目（CIP）数据

近代国宝海外流失录 /（日）富田升著；徐二红译. -- 北京：中国画报出版社，2021.11
ISBN 978-7-5146-2009-2

Ⅰ.①近… Ⅱ.①富…②徐… Ⅲ.①中国历史－近代史－史料 Ⅳ.① K250.6

中国版本图书馆 CIP 数据核字 (2021) 第 115448 号

著作权合同登记号：图字 01-2021-3122

近代国宝海外流失录

[日]富田升 著　徐二红 译

出 版 人：于九涛
主　　编：崔学森　杨　博
责任编辑：李聚慧
责任印制：焦　洋
营销编辑：孙小雨

出版发行：中国画报出版社
地　　址：中国北京市海淀区车公庄西路 33 号　邮编：100048
发 行 部：010-88417438　010-68414683（传真）
总编室兼传真：010-88417359　　版权部：010-88417359

开　　本：32 开（880mm×1230mm）
印　　张：8
字　　数：220 千字
版　　次：2021 年 11 月第 1 版　2021 年 11 月第 1 次印刷
印　　刷：万卷书坊印刷（天津）有限公司
书　　号：ISBN 978-7-5146-2009-2
定　　价：88.00 元

主编序

长久以来，我们非常关注以山中商会、卢芹斋为代表的古董商，在中国近代以来大批珍贵文物外流过程中所起的推波助澜作用。打开中国知网，输入关键词"山中商会"，映入眼帘的是《珍宝飘零》《恭王府流失宝物寻踪》；换了"卢芹斋"，也是《卢芹斋与近代中国文物的外流》《卢芹斋与弗利尔美术馆的中国收藏》。在"知乎"，输入"山中商会"，相关话题第一个就是"中国文物流离失所，责任到底在谁？"，有答主分别列出"中国文物掠夺者——山中定次郎""中国最大文物贩子——卢芹斋"之类的名目。毋庸讳言，海外流失文物的调查与追索，是近年来受到学界重点关注的课题，每有相关消息公布，都深深牵动着社会公众的神经。

无论是出于民族情怀还是器物研究，海外收藏的中国文物始终应是我们重点关注的对象。问题的另一方面，近代文物散佚海外，在流入地如欧美、日本等国，他们的学界与国民对此又是如何看待的呢？他们关注的重点，是否与我们不同？本套丛书中《近代国宝海外流失录》《山中定次郎传》等著作，以中国文物在日本的流转为研究中心，或许可以给我们一些提示。

有赖于徐二红、李芳、景诗博等几位朋友高质高效的翻译工作，我们得以先睹为快。遍览全套书之后，我们发现，日本学者也同样关心中国文物流入日本的时间、途径等问题，如富田升先生虽将时间关键节点置于义和团事件，即八国联军占领北京的时候，但也注意到近代中国文物外流可以追溯到英法联军以"亚罗号事件"为借口制造的火烧圆明园事件的时候。

另一方面，提请读者诸君加以注意，中国外流文物是如何走入当时日本上层社会的视野，并最终引领风尚潮流的。《近代国宝海外流失录》中，富田升先生就以泉屋博古馆所藏三代铜器为例，讲述了日本社会上层超越江户以来的"唐物"[1]文人雅趣，彻底确立了近代中国鉴赏美术的过程，对此山中定次郎确实功不可没。

这里可以著名的端方[2]旧藏为例。端方的藏品在其因保路运动被杀后星散，部分藏品由福开森中介售予美国博物馆。富田升先生通过对山中商会展销品的调查，特别指出在1924年那套最著名的"柉禁"，最终归美国纽约大都会艺术博物馆所有之前，也就是1923年，经山中商会之手在日本国内也大量出售过端方旧藏，周铜祖乙立旗卣正在其中。

1923年，日本美术史家大村西崖纂辑有《获古图录》，收录的是山中商会的山中定次郎藏品，其中第六器即为周铜祖乙立旗卣。富田升先生通过探讨其序文及考察其登载的照片，明确了该图录收录的正是山中定次郎在日本首次举办的"古代中国美术展"的展品。应该说，这是介绍山中此次展览的更正规的图录。1923年5月在大阪美术俱乐部举办的"古代中国美术展"，第一件器物即为"周铜祖乙立旗卣"，题记云"端方旧藏，《陶斋吉金录》登载"。山中定次郎在展会序文中特别提到"艺术博物馆、收藏家等本应借陈列古董之机，唤起世人对古董的关注，同时

---

1 最初仅指从唐朝输入的物品，后泛指一切流入日本的中国舶来品。

2 端方（1861—1911），号陶斋，满洲正白旗人，官至直隶总督、北洋大臣。他也是金石学家，代表作品《陶斋吉金录》。1911年，在镇压保路运动时，为起义新军所杀。端方号称"晚清收藏第一人"，他的收藏不仅门类齐备，质量上乘，而且注重整理刊布，藏品目录齐全，对后世影响较大。

给研究人员提供一流的科研资料""为了弥补这一缺憾，首先着手于将之前收藏的夏商周三代、汉魏六朝、唐宋元以及过去三千年的古董、周汉的古铜器、六朝的造像、唐宋元的陶瓷等中国文化之精粹，齐聚一堂展出，供诸贤鉴赏""像这种策划在我国尚属首次尝试"。

据《山中定次郎传》记述，第二年（即1924年）秋11月，山中定次郎又举办了集本土、中国、朝鲜、埃及、波斯、希腊、荷兰及其他国家古代艺术品的展览会，编有《埃及、希腊、波斯、中国古代艺术展览图录》，即《汇编》所收的"埃及、希腊、波斯、中国古代美术展"。此外，山中定次郎还邀请东京美术学校校长正木直彦、东洋美术史家大村西崖两位教授在展场内，就东洋艺术以及会场陈列的各种古代艺术品举办艺术讲演会。这应是大村西崖继纂辑《获古图录》后，双方良好合作关系的继续。双方长期保持合作关系，直到山中定次郎故去以后，《山中定次郎传》还由正木直彦题签。这显示出近代中国鉴赏美术努力获取日本学界支持并建立长期联系的过程。

这次讲演的很多内容过于学术化，实物较少，故专家以外的人士对此兴趣寡淡。不知原因是否如此，还是此时日本对中国文物的美术鉴赏尚在形成，富田升先生统计发现，端方藏器在1923年山中举办的首场展销会"古代中国美术展"上，展出《陶斋吉金录》中登载的古铜器25件，古金石35件，共计60件。第二年，也就是1924年11月"埃及、希腊、波斯、中国古代美术展"中，端方旧藏的古金石63件也名列其中，部分展品可能与上次有所重复，数量接近翻倍，显然补充了新藏品。不仅如此，在1928年"中国古陶、金石展观"展销会上，展出端方旧藏铜器12件，其中9件在1923年的首场展销会上出现过，估计是上次未售出的部分。之后，1932年11月的"世界古美术展"上，有端方旧藏古铜器1件，1934年5月的"中国、朝鲜古美术展"上有3件，除1件无法确定外，其余皆为首次出展。由此可知，在相当一段时间内，端方旧藏品在日本一直出售，总计超过100件次。

1934年12月山中定次郎在大阪美术俱乐部举办的"日本古陶瓷、中国古美术展览会"中，首器仍是"周铜祖乙立旗大卣"，题记"有铭，高一尺一寸五分"。但是在这次展销会上，山中定次郎创新了展览形式，"使用日本古代的冠桌，和歌书架，一层、两层、三层的莳绘[1]架以及大家所喜爱的其他有名的置物架来放置以上精美的展品"。这种结合民族特色与外来艺术品的展览形式获得了巨大成功，"给艺术界带来巨大的冲击"，也"受到普通参观者的欢迎与喜爱，为他们的日常鉴赏开辟出一个全新的领域"。因此在不久之后，"周铜祖乙立旗大卣"即被根津嘉一郎收入，1938年刊行的《青山庄清赏》的第32器即为此器。1940年，根津嘉一郎去世后，秉承其遗愿，在根津家族的根津青山旧居设立根津美术馆，其所有藏品均入藏展示，周铜祖乙立旗大卣亦在此馆保存至今。

以上只是我们初读这套丛书的一点粗浅心得，写出来以作引玉之效。对大多数读者来说，未必要懂得许多文物专业的知识，但是我们都具备对文物艺术之美的鉴赏力。这里不得不附带提到，近代考古学兴起于欧洲，当时的考古学一般是指对含有美术价值的古物和古迹的研究。有"考古学之父"称号的德国学者温克尔曼，他的名著就是《古代美术史》。前面提到纂辑《获古图录》的大村西崖，也是美术史家。在中国，作为考古学前身的金石学，兴起于北宋时期。当时所谓的"考古"就是指对文物的研究，侧重于从美术角度鉴赏文物。近代以来，随着学科的发展，考古学与美术学的分界愈趋明显，考古工作者不一定懂艺术，面对多姿的造型、精美的图案，无法从美术学的角度深入探讨；而美术工作者往往不清楚中国古代

---

[1] 莳绘：漆工艺技法之一，产生于奈良时代，以金、银屑加入漆液中，干后做推光处理，显示出金银色泽，极尽华贵，多嵌有花鸟草虫或吉祥图案。

的文物中蕴含有那么多美的元素。所以，今天将考古与美术沟通起来就很有必要。

近代以来，中国文物外流固然令国人扼腕痛惜，然而正如富田先生所言，这种外流客观上也带来了近邻日本及欧美各国对中国文化、中国美术的了解和认同，促进了东西方文化的交融。流向世界的国宝级文物无论现在存于何处，那些驻足其前欣赏它的眼睛，应该折射出共同的美。这不禁让我们想起费孝通先生"各美其美，美人之美，美美与共，天下大同"的箴言。我们愿与读者诸君共勉，也期待能有更多相关的著作可以被推介到国内，为社会大众所了解。

崔学森　杨博
2020年10月10日

中文版序

近代中国文物是如何外流于世界的呢？迄今为止，针对这个问题我探索了其历史经纬和各种情况，思考了它给日本及世界近代文化史带来的影响和意义。换言之，我思索的问题是，在传统王朝崩溃的过程中，具有象征意义的文物外流如何影响了流入国的传统审美意识，又如何参与了传统审美意识的近代化转型。

首先，近代中国文物外流可以追溯到英法联军以"亚罗号事件"为借口制造的火烧圆明园事件（1860）。特别是后来的义和团事件（1900）时，八国联军长期占领北京，进行了大规模的文物掠夺。而且，自辛亥革命（1911）前后起，王朝体制逐渐动摇、瓦解，主要出于经济上的原因，紫禁城藏品等顶级文物开始全面流出。此外，自清朝末年开始相继发现了唐三彩、甲骨文、敦煌文书等，这些出土品也大量流出。除上述文物外，还有殷周青铜器、古玉、官窑瓷器、北宋山水画、宋拓碑帖，等等。这些在当时尚未被充分认知的、原原本本记录着中华文明和艺术历史沿革的正统文物，在以不同渠道外流的过程中逐渐呈现出全貌，并真正为世界所知。

笔者重点关注的是，日本人、尤其是具有代表性的日本古董商如何参与了这些文物的外流过程，并通过分析历史留存下来的买卖记录和拍卖目录等，试图厘清文物外流的具体真相。此外，我还想通过俯瞰近代日本接受中国文物的状况，特别是着眼于江户末期至明治时期，风靡一世、充满浓厚的唐物雅趣和文人雅趣的煎茶道在大正前后急速衰落的背景，来研究接受中国文物给日本带来的影响和意义。

本书（《近代国宝海外流失录》，2004年日本NHK出版）以义和团事件为焦点，特别是通过探寻被誉为"世界的山中"的古美术商"山中商会"的足迹，以及通过阐明青铜器的流出及其文化涟漪，揭示了近代日本的中国鉴赏美术形成的过程，并考察了其意义。

本书出版后，笔者又进一步研究了中国古书画的流出，重新审视了接受中国正统美术的先驱——煎茶道急速衰落的背景。以此浅见作为本书的序言。

从江户末期，经明治维新，直到明治中后期，日本的历史与煎茶道的兴盛密切相连。同时，诗书画一体的唐物雅趣和文人雅趣也风靡一时。例如，在煎茶会上，除了品茶的茶席外，还设有观展席，用于欣赏明清书画、煎茶器具、文房用具等，而且还屡设挥毫泼墨席，举行书画创作与售赠活动。除煎茶会之外，还举办书画会和诗文会，而且盛行出版记录煎茶会状况的茗宴图录以及个人汉诗文集。就这样，人们挥毫泼墨，吟诗作画，在文人画中附上赞和诗，诗书画浑然一体，创作与鉴赏熔于一炉。

另一方面，从江户末期至明治10年代（1868—1877），日本书法一直流行唐风。但是明治十三年（1880），杨守敬（1839—1915）来到日本，带来大量碑拓，为日本书坛注入了新鲜血液。也就是说，到了明治20年代（1878—1887），以日下部鸣鹤[1]为首的书法家将魏碑视为古法（汉隶）之正统，打破了完全倾向于法帖、行草、王羲之的传统书法观，开始接受"碑学"（阮元：《南北书派论》《北碑南帖论》）。在明治30年代（1888—1897），从隶书到篆，再到金文，篆刻盛极一时。到了明治40年代（1898—1907），汉字的始祖甲骨文，以及从5世纪起经隋唐至北宋的大批手写敦煌文书，还有以宋拓为主的历代碑拓法帖、名迹也开始传入日本。换言之，中国书法史上的各种顶级书法资料在辛亥革命前后集中地传到了日本。

在中国，清朝后期至末期，王羲之的书法以及《说文解字》在小学[2]入门领域的权威性开始动摇，碑学和甲骨文、金文学逐渐兴盛。而日本学术

---

[1] 日下部鸣鹤（1838—1922），与杨守敬亦师亦友，被誉为日本明治书坛三大书法家之一。
[2] 《小学》是宋朱熹为儒家士子拟定的入门读本，内容包括个人修养、社会道德、前人嘉言善行的摘录等。

界的态度却是:"我们的古代史学从一开始就对甲骨文、金文等新史料持有怀疑,拒绝将其当作史料,始终冷眼旁观中国对新史料的研究成果。"(贝塚茂树:《中国古代史学的发展》序)。

他们对待中国画也持同样态度,认为与所谓"古渡"到日本的传统唐物相比,近代舶来品的画风堪称"异质"。而这些画作正是以乾隆御物为首的清朝内务府秘藏,以及民间积累的名品,这才是中国的正宗主流作品。例如,中国有而日本没有的最典型例子,就是以李成、范宽和郭熙为顶级代表的北宋山水画,以及继承其画派的元代李郭派(赵孟頫)山水画等。此画派作品的共同特点是,以峻严锋利的笔法描绘出华北广袤无垠的平原和凝重肃穆的崇山峻岭。此外,作为文人画的始祖,在日本也备受敬重的黄公望、王蒙等元朝四大家(属北宋江南画派)的真迹也没有传到日本。而日本有的却是一些中国几乎没有的牧溪、梁楷的作品,以及相传是马远、夏珪的南宋山水画,还有从江户起,尤其是明治以后传到日本的大批水平较低的明清文人画。

或许北宋北方派系的山水画对日本人来说太过于凝重峻严,而南宋画院派花鸟画(包括山水画和宫廷御用画师所作画),以其温润的余白构图和感性的情感表达,正好迎合了日本人的嗜好与情趣。这种基于日本人的审美意识进行的选择与淘汰,使日本积累下来的中国画都打上了引号,而这些画与按照中国人的审美意识流传下来的正统"中国画"性质截然不同。例如,现藏于波士顿美术馆的(传)阎立本画作《历代帝王图》,曾三次被带到日本却没有买家。此外,苏东坡的《寒食帖》(现藏于台北故宫博物院)、《潇湘卧游图》(现藏于东京国立博物馆,国宝)等,当初都被视为"赝品",敬而远之,无人问津(原田悟朗氏闻书:《大正至昭和初期中国画收藏的形成》)。

就这样,受日本传统审美意识和感受性,以及深深浸透的以"茶道具"为本位的审美价值观等层层壁垒阻挡,近代中国正统书画很难进入日本。

那么,近代中国正统美术品流入日本并被收藏后,对日本近代史或日本思想史产生了怎样的影响呢?

江户后期至幕府末年,形成了讲究煎茶用具和茶道礼仪的煎茶道,在不断娱乐化的过程中扩大了群众基础。因此，煎茶道才得以跨越明治维新的巨浪，且明治以后也并未衰败，反而昌盛至极。特别是在大型茶会（茗宴）上，各种煎茶用具齐备的茶席，有时多达数十席，而且还专设观展席，展出原本用作装点茶席和壁龛的装饰物供人观赏。起初展出的是书画类，后来逐渐发展到青铜器、陶瓷和盆景等。就这样，煎茶逐渐倾向于茶道具和古玩欣赏，失去了原本文人雅趣的内涵，但另一方面却加强了鉴赏的倾向。虽然煎茶核心的偏好依然保持在明清书画和文房用具，以及民窑的各种煎茶用具上，但是，义和团事件后，殷周青铜器和部分清朝单色官窑瓷器流入日本，并作为煎茶用具摆上茶席。

然而，在这种煎茶与文人雅趣盛极一时的背后，致其死命的动向也正逐渐显露出来。它就是在建立近代日本国家制度的过程中推行的政府美术行政和汉学改组。

例如，汉诗在江户末期至明治中后期非常流行，各地成立了吟诗社和诗文会。当时嘉庆至道光等清朝后期的诗集备受欢迎，仿其诗风创作的汉诗也很盛行。报社的汉诗投稿栏办得如火如荼，而且此起彼伏地发行诗文杂志、出版诗文集。然而，从明治后期至末期以后，汉诗的流行逐渐走向衰弱，经大正至昭和初期急速衰亡，其背后原因便是汉学的改组。江户后期，由于幕府发布的宽政异学之禁[1]，朱子学（义理）被当作唯一正统的学问，汉诗文（文艺）用于提高士人和文人修养一直备受重视，考证学（训诂）也开始兴盛。在明治国家体制的建立过程中，儒家思想被纳入学校素质教育和道德教育中（明治二十三年，教育敕语[2]）；汉诗文升格为大学的专业研究领域，细分为史学、文学和哲学等。就这样，曾经在藩校[3]和私塾培育的汉学素养，在明治维新后作为文人雅趣开了花。然而，随着教育制度的逐步完善，汉诗主要作为文学研究的对象被客体化，汉诗创作的传统

---

1 德川幕府于1790年（宽政二年）实施宽政改革，独尊朱子学，禁止朱子学之外的其他学派。
2 教育敕语于1890年10月30日由明治天皇颁布，1948年废除，是小学在固定庆典时必须朗读的文件。
3 藩校是江户时代至明治初年，各藩设置的学校，以藩士教育为目的，主要招收藩士子弟，实施儒学教育。

终将从日本社会和文化中消失殆尽。

关于书画，明治十五年（1882），费诺罗萨（Fenollosa，1853—1908）在《美术真说》中主张书画分离，批判并否定了文人画中加入非绘画元素（诗文、书法）的做法。后来，明治政府于明治二十年（1887）设立东京美术学校（现东京艺术大学）时，绘画被定位为"美术"，但文人画和书法却从日本绘画系中排除了。而且，随着绘画团体的组织化发展，政府建立了一套近代化体系，将展览会作为美术发表和评价的场所，自明治四十年（1907）起，文部省美术展览会（简称文展）成为其权威中心。就这样，明治政府最终将"日本画"、"西洋画"和"雕刻"视作纯粹的绘画，将其认定为正统美术，除此之外的文人画、书法和工艺则统统被排除在外。就这样，因为在画上作诗题赞这种诗书画一体的形式本身遭到否定，煎茶会、书画会以及挥毫席上，作为文人雅趣所作的文人画也就失去了赖以生存的场所和意义。

依照法令，从明治初期起书法就作为"习字"课编入了小学教育。但是，如上所述，美术学校并不开设"书法"专业，而且始于明治四十年（1907）的文展也不允许书法参加。直到战后昭和二十三年（1948），书法才作为日展第五科[1]首次被认定为艺术的一个领域。

虽然历经曲折，明治40年代（1898—1907）仍然有书法团体成立（日本，书道会·明治四十年，谈书会·明治四十年）。它们不依附于之前的活动场所即煎茶会和书画会，而是完全超越了这些流派。它们将展览会作为创造和发表的据点，通过发行书法机关报、出版书法杂志等方式，逐渐与文人画和汉诗创作分离开来。尽管之后又耗费了数十年，但是这也印证了书法作为书法艺术朝着自立的方向迈出了一步。

就这样，在明治国家体制建立的过程中，汉学和书画都因制度上的问题，或被改组或被砍掉，支撑着文人雅趣的汉学素养逐渐被弱化，原本追求浑然一体之理想境界的诗书画开始解体。而且，作为自我创作的源泉，原本熔于一炉的创作和收集鉴赏也分崩离析。明治后期以后，尤其是大正至昭和初期，伴随煎茶道的急速衰落，文人画和汉诗创作走向终结，书法

---

[1] 日展第一科为日本画，第二科为西洋画，第三科为雕刻，第四科为工艺美术，第五科为书法。

和鉴赏分别开始独立。

近代中国传统王朝崩溃的余波，使中国正统美术流入日本，最先接受它们的煎茶道，在其衰落的整个过程中，都为近代中国鉴赏美术的形成奠定了基础。

最后，我要衷心感谢大连外国语大学日本语学院的崔学森副教授、徐二红老师和承接本书出版的中国画报出版社。是为序。

富田升

2020 年 3 月

目录

主编序 1

中文版序 6

前言　一切始于义和团事件 1

　　第一节　乾隆皇帝与清朝国宝——如梦亦幻 2

　　第二节　何为义和团事件 8

　　第三节　本书的宗旨 14

第一章　掠夺的深渊——追踪义和团事件 23

　　第一节　八国联军占领北京 24

　　第二节　无尽的掠夺 28

　　第三节　紫禁城的命运 37

　　第四节　祭坛、宗庙的悲剧 45

　　第五节　凝聚中华精粹的文字世界 49

　　第六节　皇族府邸 55

第二章　国宝渡海 60

　　第一节　八国联军群集聚宝之地 61

　　第二节　揭开国宝外流之谜 64

第三章　日本古董商进驻北京 72

　　第一节　从明治时期到大正时期 73

　　第二节　闻名世界的山中商会 81

　　第三节　继往开来——茧山龙泉堂的创立 86

第四章　未知的中国国宝登陆日本 ... 96

第一节　抹茶与煎茶的明治维新 ... 97

第二节　煎茶与中国趣味 ... 102

第三节　王朝的象征——秘籍《永乐大典》 ... 110

第四节　政商大仓喜八郎 ... 124

第五章　稀世青铜器收藏 ... 131

第一节　住友泉屋博古馆秘史 ... 132

第二节　稀世名宝 ... 143

第三节　煎茶用具向鉴赏美术的转变 ... 150

第四节　豪华图录的出版 ... 154

第六章　日本古董商进军欧美——国宝外流范围扩大 ... 157

第一节　渐呈全貌的中国正统美术 ... 158

第二节　山中拍卖与展览 ... 164

第三节　山中商会的经营规模 ... 175

第四节　拍卖会、展览会实况 ... 183

第五节　贸易资料上的新发现 ... 193

第七章　对西欧美术界的冲击 ... 200

第一节　日本美术风潮向中国正统美术转变 ... 201

第二节　住友收藏的冲击 ... 212

第三节　欧美收藏的狂潮 ... 217

尾声　掠夺品的去向——国宝流出与世界渗透 ... 225

中国鉴赏美术的形成 ... 226

后记 ... 233

附记 ... 235

作者介绍 ... 236

译者后记 ... 237

前言 一切始于义和团事件

乾隆皇帝骑马像 郎世宁作

第一节　乾隆皇帝与清朝国宝——如梦亦幻

千古一帝——乾隆皇帝

1735年，奉先帝遗诏，清高宗乾隆皇帝登基即位，成为清朝第六位皇帝。其祖父康熙皇帝，多次御驾亲征，征朔漠，平蒙古，镇三藩，定西藏。当时的清朝，国家发展达到顶峰，为后来的统治奠定了坚实的基础。其父雍正皇帝，通过建立任地属官与皇帝直接联系的体系，实现了皇帝独揽大权的中央集权政治体制，且雍正皇帝慎奢节欲，励精图治，为清朝积累了大笔财富。雍正皇帝的四子，讳弘历，即后来的乾隆皇帝，年幼时便受康熙皇帝喜爱赏识。康熙皇帝将毕生治国理政的帝王之学毫无保留地传授于他。经康雍两代，清朝的统治已稳如磐石，不可动摇，国运昌盛，似乎已天下太平。不过，对于盛世即位的乾隆帝来说，仍然留下一个腹心之患尚未解决。

清朝发源地在今中国东北部辽宁省辽阳一带山区。在这一带繁衍生息的女真族的一支——满族，建立了不同于中国历史上一贯由汉族统治的少数民族王朝。仅数十万狩猎人口的满族，竟然穿过山海关，翻越长城，直抵北京，控制了人口近亿的汉族，建立了清王朝。从1644年开始的近百年时光里，清朝历代皇帝发挥他们的智慧与才能，使皇权统治安如磐石，无可撼动。即便如此，对于这位君临天下的乾隆皇帝来说，一个未完成的使命还在等待着他，那就是如何以少数民族的身份统治天下，如何圣化昭明，名正言顺，使汉族心悦诚服，根除反清势力。不动一兵一卒，却威仪天下，千古一帝究竟是怎么做到的？

国宝满载紫禁城

恢宏壮丽的紫禁城是明清两代的皇宫,被奉为"天地日月",即宇宙的中心,是远离世俗的神圣所在。在此圣地,乾隆皇帝珍藏了集历代王朝之精粹的无尽珍宝,同时也制作出与正统文化一脉相承的文物,将宫殿内外打造得无比庄严。他凭借这座气派雄伟的大型建筑群将自己设定成华夏文明的继承者,利用紫禁城特有的权威性包藏着自己的出身。此乃他得以少数民族皇帝君临天下,获得统治正统性的唯一手段。

我们还可以从别的角度来一探究竟。追根溯源,汉族统治者历来称颂殷周革命,认可王朝更迭。他们既希望王朝能够常治常新,又要确保王朝统治万代无疆。而且,随着时间的推移,以儒家思想为指导,一君万民的统治制度不断完善。然而,自秦始皇以来的1800年间,中原帝国逐渐衰败。北方的狩猎民族生性粗野,却充满活力。从结局来看,汉族为了帝祚永恒,江山永固,可以说是铤而走险,选择了将天子之位让与北方狩猎民族。反之,少数民族王朝将自己打造成华夏文明的继承者,以其精神权威获得了统治国家的正统性。为此,紫禁城必然会堆满历朝文物,并用当朝的精粹装点其中,以尽显其权威。打破少数民族桎梏的乾隆皇帝,正是俯视华夏文明的最后一位大帝。汇集无尽珍宝的紫禁城,正是展现华夏文明正统性之宝库。

之后的两百年,波澜起伏。如今北京、台北两座故宫博物院的藏品合计约达170万件[1]。其中约100万件珍宝为乾隆皇帝所藏,品质与数量均为两博物院最佳。玉器、青铜器、书法、绘画、瓷器、古籍……这些数目庞大的文物,原原本本地记录着一脉相承的华夏文明。它们神秘、庄重、瑰丽、典雅……汇聚了中华文化的精髓,是展示中华超群技艺的饕餮盛宴,是乾

---

[1] 截至2020年,北京故宫博物院馆藏文物达1863404件(套)。截至2020年3月,台北故宫博物院馆藏文物达698736件(套)。

隆皇帝作为一位中华帝王倾注其可贵的情怀留在历史舞台上的遗迹与结晶，是历代帝王无法企及的幻梦。

八国联军占领下（1901年前后）的紫禁城乾清宫（引自《清代北京皇城写真帖》）

末代皇帝——溥仪

乾隆末年，清朝国运急转而下，进入百年黑暗期。1910年至1912年，东亚各国变动不居。1910年，韩国被日本侵占，结束了500年李氏王朝统治。1911年，辛亥革命爆发，清朝灭亡。次年，亚洲最早的共和国——中华民国成立。同年，日本明治天皇驾崩，改年号为大正。朝鲜与中国的王朝体制最终瓦解，最先走上近代化道路的日本也宣告了明治时代的终结。各国曲折的近代史由此拉开序幕和第二幕。

在此数年前的1908年秋天，老态龙钟却依然掌控大权的西太后在弥留之际做出了最后的决断。她为病榻之上的清朝第十一位皇帝光绪皇帝立嗣，选中的正是其弟醇亲王载沣的长子溥仪。不久，光绪帝驾崩。次日，西太后也离世。1908年年底，3岁幼帝即位，即清朝第十二位皇帝——宣统皇帝。仅3年后，辛亥革命

3岁的溥仪即位

爆发，宣统帝被迫退位。与其说他是清朝最后的帝王，不如说他是为历代王朝画上句号的末代皇帝。后来，他从伪满洲国皇帝沦为战犯，再化身为普通公民，真可谓命运多舛。不过，本书涉及的是从他退位到1924年冯玉祥将其驱逐出紫禁城这十几年间的事。

1911年年底，溥仪宣布退位（实际退位是在1912年3月），作为交换条件，受到民国政府的优待。据此，民国政府同意溥仪继续住在紫禁城里，保全清皇室私产，并支付岁用[1]400万元。清朝国宝自然仍归溥仪所有，加之巨额岁用，理应能够保障他与革命前几近相同的"末代皇帝"生活。然而，事实上岁用不但经常延期支付，数额也大幅低于承诺的数字。溥仪也

宣统帝溥仪

曾试图削减开销，但收效甚微，于是逐渐陷入经费不足的困境，亏空总额约达数千万元之多。

变卖清朝国宝

用普通方式已难以维持宫廷生活，必然需要借钱或出售私产来填补缺口。因此，抵押或出售历代皇帝积蓄的文物便理所当然地成为一种趋势。就这样，在废帝溥仪的时代，清朝宝物开始外流。

下面来看具体情况。以溥仪离开紫禁城的民国十三年（1924）为例，据清室善后委员会推算，仅当年一年被抵押的金银古玩总值就约达500万元，溥仪本人也证实同年5月将贵重的金制艺术品抵押，向盐业银行借款80万元。然而，清朝宝物的外流并未止于此。民国十一年（1922），清室

---

1 岁用指一年的费用。

内府甚至开始亲自在紫禁城内举办拍卖会。参会条件一经公布，便吸引了各路腰缠万贯的商人参加竞拍，其中还有来自日本的古董商。从当时随手留下来的记录来看，日本商人参加的是第14次拍卖会，由此可知内府拍卖短期内曾经频繁举行。不仅如此，当时的紫禁城由于财政窘迫、秩序涣散，将文物夹带出宫、盗取文物的事件屡见不鲜。比如当时藏有大量奇珍异宝的建福宫，刚一下达清点文物的命令就"意外"失火，传言是宦官为了销毁证据。太妃们也会让心腹宦官拿宝物去换钱，或命其将宝物捎回自己的娘家。溥仪本人也说，宫内宦官、内府官僚及其家人曾在地安门大街开过数家古董商店。据说，乾隆帝酷爱的书法作品"三希"中，除王羲之的《快雪时晴帖》，其余"二希"（即王献之《中秋帖》、王珣《伯远帖》）均被溥仪庶母带出宫外，最终竟摆放于地安门一家毫不起眼的小古董店内。

皇族、官僚也将国宝携出紫禁城

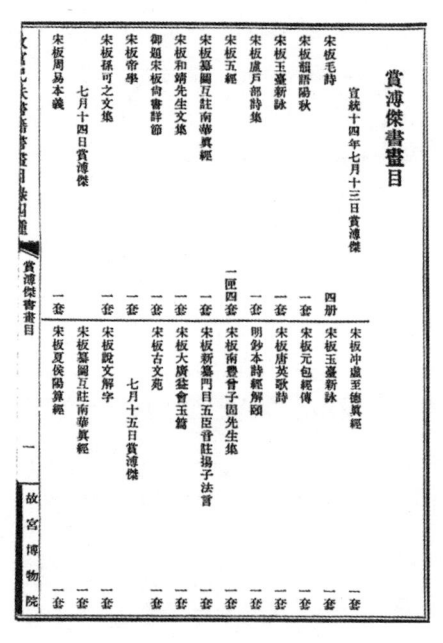

故宫已佚书籍书画目录

此外，大量文物还以"赏赐""借去"等名义流出。譬如，溥仪的老师陈宝琛直接委托某日本商人变卖清室古字画，并把部分钱款拨作其外甥旅日游玩费用。匪夷所思的是，甚至溥仪本人也以赏赐为名，允许其弟溥杰将《清明上河图》等绝世珍宝携出宫外。这些书画类珍宝多达1200件，在流出紫禁城后流转于天津租借地，不久伪满洲国成立，又被移送并保管于"新京"

（长春）皇宫内，即后来所称的"东北货"。就这样，自1911年辛亥革命至1924年溥仪被赶出紫禁城的十余年间，清朝珍宝以各种形式外流，散失于国内外。而且，无数珍宝以同样的方式，从败落的皇亲国戚及满洲高官手中外流。随着清王朝的土崩瓦解，历代文物流失日趋严重。

补 记

1924年北京政变后，内阁会议决定设立清室善后委员会，接管所有被认定为清室私产的文物，并立即着手清点。次年，清查结果公布，恰逢辛亥革命纪念日，故宫博物院对外开放。此后，因"九一八"事变故宫文物决定南迁，清朝国宝为躲避战乱，无奈辗转十余载。后经抗日战争以及新中国成立，清朝国宝不得已分藏于北京、台北两座故宫博物院，直至今日。

第二节　何为义和团事件

大义"扶清灭洋"

义和团是白莲教的民间宗教团体,在中日甲午战争后以山东省为中心不断扩展势力。当时德军在山东境内扩大势力范围,但外国势力的入侵和基督教的传教活动遭到了民众的反抗,甚至发生了杀害德国传教士事件。义和团打着修炼拳法、刀枪不入的旗号,1900年将势力扩展到直隶省(今河北省)。他们一路北上,经过天津,最终抵达北京。义和团最初以"反清复明"(推翻清朝统治,恢复明朝王室)为口号,后又改为"扶清灭洋"(扶保清朝,消灭列强)。

在华的西方传教士(约1900年)

对此,朝廷内的强硬派主张利用义和团向外国势力开战,而议和派(妥协派)却主张镇压义和团,两派激烈对立。一直以来坚持镇压义和团的西太后态度突转,终于在6月21日对外宣战。义和团蜂拥入京,包围了公使馆。直至同年8月15日,八国联军经津入京,历时55天。北京城沦陷之前,慈禧太后与光绪帝一同逃往西安,此后长达一年时间,北京被八国联军占领,紫禁城无主。翌年,签订《辛丑条约》,事件似乎得以解决。然而,列强在强制清政府缴纳巨额赔偿金的基础上,还以"新政"的名义强制施行被慈禧太后扼杀的光绪帝的改革运动(戊戌变法、百日维新),废除科举制也包含其中,这意味着从根本上支撑着一君万民体制的官员选拔制度被否定。因此,可以说传统中华帝国在辛亥革命到来之前便已名存实亡。

八国联军经津入京

八国联军占领北京的一年

八国联军自入京到撤离,占领北京长达一年之久,这值得特别关注。这期间,紫禁城自不必说,与清室有关的所有建筑,包括庭园、寺院、陵墓,等等,悉数被列强霸占,其中所谓"闲置"的历代文物也自然被列强收入囊中。不难想象,列强在此展开了无休止的掠夺。诚然,之前英法联军以发动第二次鸦片战争为由在1860年入侵北京，火烧圆明园，大肆洗劫文物。但是，他们的掠夺只限于以圆明园为中心的相对有限的范围，占领北京的时间也不过两个月。与之不同的是，义和团运动时期的掠夺比常人想象的规模要大得多，也更彻底。正如前文所述，随着王朝体制的瓦解，中华文物的外流已无法避免，辛亥革命后，受经济因素的影响而日趋严重。但是，我们有必要重新审视，义和团运动时期列强的掠夺才是文物大量流失的滥觞。换言之，近代清朝国宝和文物外流的开端，比通常所认为的清朝灭亡时间要早10年左右，可以追溯到1900年的义和团事件。

火烧圆明园时，幸免于难的圆明园谐奇趣北面花园门

八国联军占领北京期间,美日军官在宫门前合影

义和团运动时期出生的文豪老舍

进入正题之前,先来谈谈与义和团相关的二三逸事。在日本,老舍虽不及鲁迅有名,但也是中国近代有代表性的作家之一。他曾留学英国,并有留美经历,是个十足的国际化文人,但他的小说《骆驼祥子》、话剧《茶馆》《龙须沟》等代表作均带有让读者身临其境理解社会底层人民生活的大众视角,并且散发着古都北京的风雅情趣。老舍,1899年生于北京,其父为下等满族旗人,在与八国联军交战中阵亡。可以说,他是义和团运动的"产儿"。据说,其母时常讲起父亲英勇战死的故事。但因其父身为下等军人,且在老舍出生10年后清朝灭亡,生活变得尤为窘迫。作为没落的满族,老舍一家不得不沦落至社会底层。这一经历,可以说化身为老舍文学的琴弦,演绎出古都北京的华彩风貌,弹奏出下层人民的百态风情。老舍不同于鲁迅的风格,他用底层视角注视着人民共和国的诞生与发展,真诚地倾注着自己热忱的期盼。

西太后的西逃之路

慈禧太后

话题转向中国的一道粗食——窝头。这是一种用玉米面揉搓蒸制而成的农家面食,极为简朴。不承想,晚年的西太后却对其钟爱不已,时常把这道"佳肴"摆上餐桌。

老佛爷爱吃窝头的事,有这样一个传说。当时,虽然清廷已向列强宣战,但八国联军仅用两个月就已逼近北京城。西太后仓皇出京,从宣化府经大同、太原,逃亡足足两个月才到达西安,一路农妇打扮,风尘仆仆。此行即为"庚子西狩"。西行之路颠沛流离,食不果腹,为了充饥,便向沿途农家乞求食物,当时乞来的便是这窝头。大概西太后早已腻烦山珍海味,粗劣的窝头给她带来莫大的新鲜感,后来便时常将其摆上餐桌。乍一看,这是逃亡路上的一段令人慰藉的温馨插曲,但事实上,这场逃亡大戏拉开的是极为悲惨的序幕。

时光再向前追溯,光绪皇帝受西太后之命被迫迎娶她的侄女,即后来的隆裕皇后。然而,光绪帝极为宠爱珍妃,并不中意这位皇后,甚至避之不及。义和团运动爆发的两年前,光绪皇帝的维新运动触碰到西太后的逆鳞,转眼便遭遇了失败,而珍妃也被幽禁在景祺阁北边的小院里。随后,在"庚子西狩"时,光绪皇帝随西太后一同西逃,珍妃却因避免遭洋人凌辱的借口,被宦官崔玉贵投入紫禁城乐寿堂的井中,命丧黄泉。

显然，这是西太后的旨意。如此一来，偌大的紫禁城里又多了一个枉死的妃嫔幽魂。西太后返京后珍妃的尸骨才被打捞上来，正式迁葬于光绪崇陵妃园寝则是辛亥革命后1913年的事了。

第三节　本书的宗旨

中国美术史的"常识"

紫禁城藏着无数不为人知的秘密，也不乏悲惨的故事。这些故事承载着中华民族厚重的历史，并刻画着历史的轨迹。仅有关义和团的逸事就不胜枚举。让我们一边品味这些故事，一边阐述本书的立意与宗旨。

读者中一定有不少中国美术迷。大家首先会想到装点皇族高官墓室的唐三彩、集历代王朝精粹的宫廷专用瓷器，宋、明、清官窑等中国美术代表作。可以说，这些工艺品正是中国美术史与美术全集的经典之作。但令人意外的是，这些在今天被视为"常识"的东西却很晚才为人所知。具体来说，1907年[1]（光绪三十三年、明治四十年）陇海铁

日本天理大学附属天理参考馆所藏三彩水注

路洛阳段修筑期间首次发现陪葬品唐三彩，这是它为世人所知的上限，地点为洛阳郊外。如前所述，历代官窑制品大量流出紫禁城源于辛亥革命

1　另据阎存良著《古陶珍宝唐三彩》中记录，出土时间为1904年。

(1911)之后。不仅如此，与黄河文明起源息息相关的殷墟甲骨文的发现和千里迢迢来中国探寻佛教传入之道的西域探险，实际都发生在19世纪末期。也就是说，这些忠实记录中国文明进程的正统文物是以王朝体制的土崩瓦解为背景，辛亥革命前后才终于开始进入人们的视野，不过短短百年。中国文物或美术品的全貌并不是从一开始便被完全解析，像今天这样呈现出来的。我们首先以重新审视今日之"常识"为起点展开论证。

正统美术与日本

这里需要关注的是，上述近代中国文物的外流与之前通过交易产生的文物流动之间存在本质的区别。让我们以古陶瓷器为例加以说明。即使像日本这样与中国交往历史悠久、存有大量中国舶来品的国家，近代以前流入的也几乎都是传世民用陶瓷，且仅限于日常用品。即便是被认定为国宝或重要文化遗产的数件龙泉窑青瓷及清冽如玉的砧瓷名品也不过是南宋之后的民窑瓷。无论是出土冥器还是历代官窑，都是近代才开始为人所知、接近中国文物主流的美术品。这些文物与近代以前舶来、收集的方式相比，不仅仅是民窑与官窑之别，而且在品质上也有质的不同。

此外，中国正统美术的这种新的流入方式，不仅仅是表层的流通与交易问题。确实，近代以前流入品的种类与品质在交易过程中会受到某些制约，并不可以随心所欲地把喜欢的东西带到日本来。但是，从本质上讲，传统的审美意识根深蒂固地影响着日本人（如陶瓷观），尤其是中世以后由茶道而来的审美意识。也就是说近代以前流入日本的中国文物，更多的是以日本人的感性和审美进行选择，符合喜好的留存下来，反之则被淘汰。这些文物是日本人所追求的"片面的"或者说是通过日本人感性过滤后带有引号的"中国文物"。比如，陶瓷器中，明末清初飘逸的绘付[1]、造型自由

1　绘付是指器物表面加入彩绘的瓷器。

的古染付[1]和天启赤绘；绘画作品中，据说只在日本流传并被保存下来的牧溪的抒情水墨画，应该是最好的例证。它们与工整对称、高雅大气的历代官窑和浓墨重彩的北宋山水画相比，确实差距较大。日本人喜欢的"中国文物"和中国正统美术相比，可以说相去甚远。夸张地说，甚至有些南辕北辙。

纯粹之鉴赏

这种近代以后流入日本的中国正统美术，日本人之前几乎见所未见，也未必适合日本人的审美心理。而且，其中多数专门以鉴赏为主。因此，新流入的美术品，迫使人们对以往源于茶道的传统审美意识做出改变，进而确立新的中国美术观。换言之，它意味着新的近代鉴赏态度或鉴赏精神的形成，亦可谓之从茶道中独立的"纯粹鉴赏"。随着封建王朝体制的瓦解，中华主流美术传向世界，日本人在选择并接受它时，虽然传统的审美意识依然根深蒂固，但中华主流美术对于实现日本近代化变革和文化史方面的意义依然值得关注。因此，如果我们以确凿的证据印证这一课题，并以日本近代中国鉴赏美术形成史这一崭新视角进行研究，将会开启近代中日文化交流史的新篇章。

研究历程

带着以上问题意识，笔者选择将"近代中国古陶瓷器外流与日本的接受"作为主题，并刚刚完成了相关实证调查及其意义的基本考察。然而，遗憾的是，这只能揭示出书画古董全域中文物流出的一角而已。而且在时

---

1 古染付是指明代末期中国民窑面向日本所制的青花瓷，与精致高级的官窑相比，多为粗放型大众器物。

间上，如前文所举唐三彩的出土年份，较其他领域相比也晚7到10年左右。想要查明近代文物外流的全貌，就必须追溯文物外流的起始时间，探明文物外流的背景和经过，扩大考察对象的范围，这几点必不可少。

下文拟以1900年义和团运动时期的文物掠夺为中心展开论述，因为就目前的研究课题而言，义和团时期文物外流的时间较为久远，较辛亥革命时期早了近10年。另外，列强武力掠夺的背景以及如此巨大的外流数额也值得关注，真可谓近代史上最黑暗的一页。迄今为止笔者主要研究通过贸易的方式进口中国文物，但是，为了厘清文物外流的全貌，就必须触及文物掠夺这一事实。历经百年，如今更有必要冷静地去正视这段史实，去仔细探究那场掠夺的实情。究竟从何处用何种手段将清朝宫廷中历代珍藏散失出去，必须严肃地剖解这一黑暗面，一看究竟。

如何看待义和团事件

明确义和团事件中文物掠夺的实情，与考察日本近代中国鉴赏美术的形成，二者之间有何种关系呢？以下是笔者的大致观点。我选中"青铜器"作为分析的指标，用这个有效的例子将二者结合起来。因为青铜器位于中国美术的源头，在历代文物中作为北斗之尊有着极高的地位，可以说是最符合评判标准的典型、正统的文物。而选择青铜器最为关键的理由是，其真正的外流是在义和团运动时期开始的，通过证言和实例能够证明这一点，而这些资料也完备可查。

那么，青铜器是如何被日本接受的呢？说到这里，我们必须关注那些需求（接纳）阶层。笔者对江户时期以来文人崇尚的煎茶道十分感兴趣。文人不仅在茶会上热衷于使用唐代的茶具和物件，还设有展览，展示中国的书画文具，让他们的古玩鉴赏力不断增强。那么，他们是如何接受中国正统文物青铜器的呢？那些青铜器，与他们之前使用的宋代之后或者日本的复制品截然不同，初次接触，便带给他们极大的冲击力，促使他们的审美意识发生变化。

中国文物的渗透之路

　　义和团运动时期被掠夺的文物，主要流入欧美列强之手。辛亥革命后，中国文物外流规模进一步扩大且正式化。不计其数的中国文物流入，使欧美逐渐形成正式的中国文物展，主要展出历代王朝正统文物。在这种变化的驱使下，他们逐步意识到中国才是东亚文明的根源，一直以来风靡欧美的日本美术便急速衰落。1935年，在伦敦皇家维多利亚·阿尔伯特艺术学院伯灵顿大厦隆重举办了大型中国展览会（即"中国艺术国际展览会"），连日盛况空前。此举是英国收藏家为进一步加深对中国文物的认识，提高鉴赏能力，与其他爱宝人士联合策划的。因刚成立的故宫博物院以及因爱好中国文物而闻名的瑞典皇太子都提供了藏品参展，这是宣告世界规模近代中国鉴赏美术形成的里程碑。

　　众所周知，19世纪后半叶，欧洲印象派深受日本近世"民"[1]的审美意识影响。那么，我们果真已经充分地研究了从日本美术转向中国美术的过程及其意义了吗？说实话，对此我表示怀疑。笔者将通过实证来探求这一转变过程，并尽可能具体地指出转变的契机和要因。另外，这种转变是否与义和团运动时期的文物外流有关？两千年来与中国交往深厚的日本人虽说受到诸多限制，但是其观点是否对此产生了某种影响呢？本文将以青铜器作为有力的指标加以研究。

　　我想以此来探索近代中国鉴赏美术从1900年到1935年的形成过程。此外，不单从日本，还要从世界的角度考量其形成在近代史上具有的历史文化意义。在此基础上，我想确认正因为中华帝国的崩溃使文物流出、特

1　以浮世绘为代表的市井风俗题材作品。

别是文物遭掠夺与因此中国美术被世界普遍认知这二者之间的矛盾。

　　以上是本书创作的基本目的。最后，笔者想着眼于近代中国文物外流问题，补充说明自己穷极一生对其进行研究的来龙去脉和贯穿本书的另一个要探讨的基本问题。

与某展览目录的邂逅

　　我原本主攻中日交流史与中国近代思想史。辛亥革命前后，许多留学生与革命家来到日本，以东京为中心在各地开展革命运动。我本打算调查他们的事迹，追寻其革命思想的形成，以此来考察日本对辛亥革命及其前后的政治和思想等起到了何种作用。

　　转机不期而至，我研究方向的转变，源于与一册展览目录的邂逅。那是一次偶然参加共同研究时，作为调查旅行前往九州博物馆参观，展览的宋代青瓷深深地吸引了我，令我久久无法离开。在那之前，我并非对中国美术不感兴趣，一些特别精美的展会我也会去参加，但只是隔着玻璃泛泛地欣赏一下而已。然而，那次的经历给我的感受却与以往完全不同。那并不是什么稀世罕见的珍宝。如今想来，只不过是发掘出土的一只不起眼的青瓷小碟而已。但是，当时我完全被那俊逸静雅的造型和橄榄绿静谧的釉色吸引，窒息在了它的美中。确切地说，这是我第一次发现宋瓷庄严纯正之美。那一瞬，我对中国美术"开了眼"，而且它也是中日悠久历史文化交流的范本。

研究新视界

　　之后，我以陶瓷器为起点开始高度关注中国美术。但是，由于无法将原专业领域与新关注点结合起来，故长期独坐愁城。究竟该如何架起中国美术与近代中日交流史的桥梁？就在那时，我碰巧看到古籍目录上刊登的古美术品展览目录，不假思索订阅了一份。这次与《中国古陶金石展观》[昭和三年（1928）]的邂逅决定了我的研究方向。出版方是战前被誉为"世界之山中"的东方古美术商——山中商会。目录分为"铜器""镜鉴""石刻佛像""土器陶瓷""清朝官窑"等品类，各领域展品均附一览表及编号，且主要展品的图片（部分为彩色）刊登在卷首，展览的数量、规模、品类甚至主要展品的形态都一目了然。倘若搜集战前山中商会举办的数十次展览目录并按领域统计的话，便可知该商会战前所涉及中国文物的概况，由此或许能够厘清珍宝流转的来龙去脉，这给我的研究方向以极大启示。

以邂逅《近代中国文物的外流与日本》这本图录为契机，我得以将中日交流史与中国美术相结合作为研究的新起点。单凭主观感知推理难免陷入空谈，所以我想运用贸易资料等基础数据，首先尽可能用实证主义方法再现文物外流的历史原貌，在此基础上，我还想考察日本人近代审美意识的变化过程及其精神史的意义。

古董商是关键

笔者所做的一系列研究都紧密围绕一个基本问题展开，那就是探究中国文物外流以及收藏品形成过程中古董商发挥的作用。战前，他们顶着与传统审美意识抵抗的重压，将当时新出现的中国古美术品提供给一部分先驱收藏家、艺术家及学者。

这些黎明期的古董商一路走来历经的坎坷和艰辛，在两册书中多有体现：一册是日本的中国陶瓷器鉴赏先行者、壶中居创始人广田不孤斋[1]的自

---

[1] 广田不孤斋，原名广田松繁（1897—1973），日本富山县人，古董巨商，1924年创立"壶中居"。

传《走过的路》[1]，另一册为茧山龙泉堂第二代传人茧山顺吉[2]之作《感谢》。

比如，有人认为唐三彩壶是装骨灰的壶坛，不吉利，有人揶揄佛头是挂在城门上示众的首级，清朝官窑也莫名遭嫌弃。整个日本都笼罩在这样一种审美环境中，但古董商们依然挣扎着从基础的流通开始，开拓了日本近代中国鉴赏美术的先河。最终，从明治末期开始，经大正至昭和初期，逐渐形成了一股强有力的中国文物收藏群体，如住友青铜器收藏、捐赠给东京帝室（国立）博物馆的横河民辅古陶瓷器收藏等。这些古董商中，功绩最为显著的是对广田和茧山等人起决定性影响、并号称拥有世界最强销售能力的山中商会第二代社长山中定次郎。

东京帝室博物馆1909年所购唐三彩壶

山中定次郎先人一步，于明治二十七年（1894）成功打入纽约市场，并在之前的明治二十三年（1890）已转向北京，进入美国市场10年后又将分店网络布于全世界。尤其在辛亥革命前后，他乘着中国文物外流的时代潮流，向全世界贩卖中国古代美术品。其中不乏中国陶瓷器的顶级之作，如宋代官窑青瓷、清代官窑珐琅彩瓷器"古月轩"等等，它们堪称清朝国宝中的"和璧隋珠"。

另一个写作动机

如今，不仅是日本，世界各国著名的中国古董收藏恐怕都离不开山中

1　日文原名『歩いた道』，广田不孤斋著，求龙堂出版，1952年。
2　茧山顺吉（1913—1999），富山县人。其父茧山松太郎（1882—1935）于1916年创立茧山龙泉堂。

商会的贡献。

　　日本古董商，特别是山中商会，对日本近代中国鉴赏美术的形成，或者说对日本美术转向中国鉴赏美术这一核心主题，以何种形式发挥了怎样的作用呢？义和团运动时期和辛亥革命时期来自宫廷内外的外流文物，特别是清朝国宝，是如何流向世界各地而被收藏的呢？追溯这些易被忽略的古董商的动向，再现他们的历史价值，是本书的另一个写作动机。尤其是追踪山中商会及山中定次郎在世界范围内的活动，考察住友泉屋博古馆青铜器收藏的过程与其世界性影响，成为本书的焦点。

第一章 掠夺的深渊
——追踪义和团事件

光绪皇帝（北京·故宫博物院藏）

第一节　八国联军占领北京

皇城解体

接下来进入正题。本书选取义和团事件中八国联军的掠夺这一视角作为整体出发点，详细探究其实情，但焦点不在于阐明一般意义上的掠夺行为，而是从本书的主旨出发，主要集中在历代文物的掠夺方面。因此，探究的对象限定在以紫禁城为首、与清朝有关的所有机构及其收藏品上，包括王府（各王家宅邸）等。

首先，本书将从八国联军掠夺的大致过程入手，之后根据掠夺的主场地及代表性事件，进行细致梳理。我想通过如此罕见的掠夺真相，来思考北京城遭受创伤的程度及其影响。辉煌壮丽的古都，因遭受物理性破坏和掠夺，在景观上也迅速失去了原貌。这可以说是古都解体，甚至可以说是传统中华帝国瓦解过程中的重要序曲。

◎（德）瓦德西　著

瓦德西庚子回忆录　八国联军统帅拳乱笔录

瓦德西在回忆录中对八国联军在华侵略行径进行了苍白的辩解，但却无意中将八国联军的暴行暴露无遗。他对中国珍贵物品被抢被毁表示遗憾，称八国联军侵华战争是路易十四时代以来前所未有的大劫掠。

通过前文零散的叙述，我们已经对义和团事件的大致经过有所了解。八国联军在1900年8月15日占领北京，之后便立即开始掠夺。而且，德军元帅瓦德西[1]（Waldersee）还特许"军队公开抢劫三天"（《瓦德西庚子回忆录》，瓦

---

[1] 瓦德西（1832—1904），生于德国贵族家庭，外祖父与父亲均为普鲁士将军，受家庭熏陶12岁即入学军事学校，16岁被授予陆军中尉军衔。1888年，正式出任德国第二任陆军总参谋长；1900年10月17日，赴北京就职八国联军总司令。

德西元帅著)。但这也仅仅是开端,掠夺之火一旦被点燃,便难以熄灭。此后数日,各国士兵在京城内外大肆抢劫。尤其是稍晚入城的德军,其野蛮行径,和俄军一样猖獗至极。然而进行掠夺的不仅仅是入侵的八国联军,还有居住在北京的洋人、土匪、残党等也纷纷乘乱闯入,北京城内外哀鸿遍野。

天翻地覆,皆因王法之不畏。

(《庚子记事》[1]七月二十九日:[阳历8月23日])

掠夺概况

光绪皇帝和西太后出逃西安后,皇城陷入无主状态。凡是显眼的店铺,不论大小都被洗劫一空。八国联军以追剿义和团残党为名,闯入富人家宅,金银财宝,衣物器具,无不抢夺;大资本家、高官乃至皇亲国戚的宅邸,无不遭劫。

特别是各国抢先确定占领区域后,被改造成驻军宿舍的宫殿、离宫、庭园、寺庙、祭坛、领事馆以及有名的寺院等,和清朝有关的建筑都沦为侵略者的嘴边之食。例如,日军占领顺天府,英军强占天坛,美军侵占先农坛,法军霸占西什库,俄军抢占南海,德军逼占社稷坛。后文还将再次考察这次断断续续的长期大规模的掠夺。

时入9月,八国联军的掠夺仍在继续,掠夺的范围也从贵重珠宝延及日常用品。9月末,各国洋兵终于感到"山穷水尽",可掠夺的物品开始逐渐减少。

在此期间,发生了一系列显著的变化。首先,各侵略国合计发动78次对义和团残党的"讨伐行动"。行动范围从北京周边起,次月至保定,次

---

1 《庚子记事》是清末仲芳氏所著日记,主要记载了1900年阴历五月至1901年阴历十一月,作者的所见所闻、义和团事件以及八国联军入侵北京前后的情况。

年年初延及山西省边界,这其中对各地的反复掠夺自不待言。另一方面,在北京城内,由于各国占领区域内的政策不同,各区域的居民治安状况出现了差异,而且越发明显。例如,在日军和美军的占领区内,组织及制度得以整顿,治安相对良好。

10月以来,日英美占领区域的市场恢复了活力,近千件掠夺品作为商品在地摊上铺得满满当当。11月,掠夺的势头渐渐平息,被称作"虎狼之区"的德军占领地也或多或少地平稳下来。

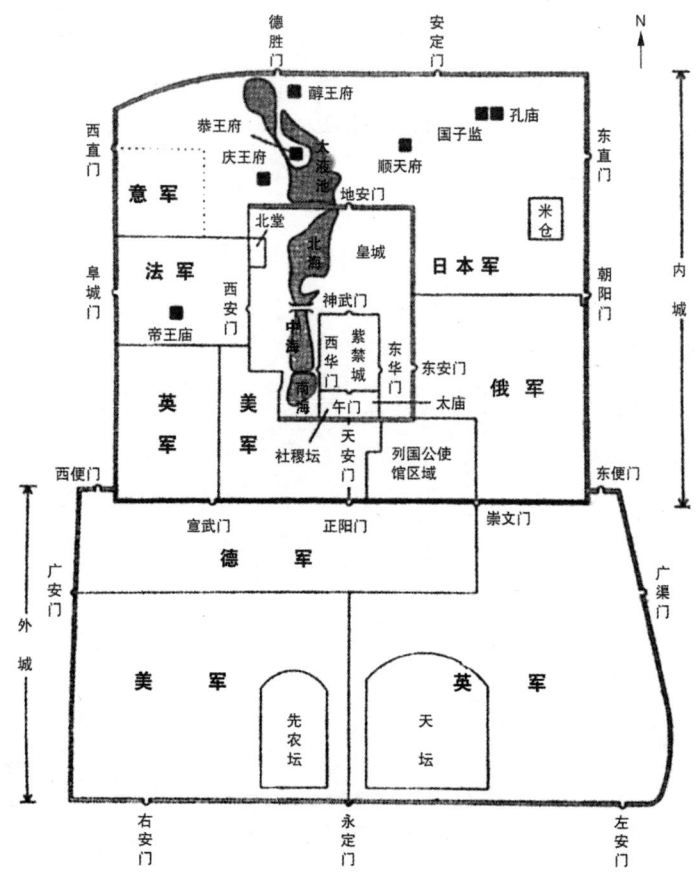

北京城占领区域略图(参照日本参谋本部御编撰《明治三十三年 清国事变战史 卷四》绘制而成)

联军撤退

与北京占领区趋于"太平"的景象截然不同,八国联军的"讨伐行动"此起彼伏。联军进驻保定、天津、河间等地,包藏祸心的俄军则移至东北。以德军为主力的联军在各地大肆掠夺,《庚子记事》揭露了实情:"自诩仁义之师,实与流寇无异。"如此一来,掠夺重心由北京扩散至各地。

从1900年12月到1901年年初,包括德占区在内,北京治安基本趋于稳定。此后,从1901年5月10日起美军、意军开始撤退,至8月8日八国联军全部撤离北京。9月7日签订《辛丑条约》,1902年1月3日西太后回銮。时隔一年半,恢复了原来的秩序,但京城已是满目疮痍。接下来我们先从与西太后有关的名园——颐和园的掠夺情况看起。

第二节　无尽的掠夺

颐和园

　　昆明湖畔，桥贯微风。万寿山角，花引门庭。佛香阁南，池映尘蒙。十七孔桥，柳邀倩影。以西山和玉泉山为背景的颐和园，可谓自然造化与鬼斧神工完美结合的产物。湖光水色，香榭楼阁，叹为观止，美不胜收。这座离宫无疑是清朝凝结了造园技术精华的杰作。颐和园原本在乾隆帝时期动工改建，名为清漪园，与圆明园等一起名列"三山五园"，然而在第二次鸦片战争中被英法联军摧毁。从1888年开始，西太后挪用海军军费，耗费数年时间斥巨资修建，后改名为颐和园。以仁寿殿、排云殿为首的每座殿宇内，装点着历代收集的玉器、金银铜器、陶瓷器、书画墨石，威严庄重，奢华典雅。

俄军的掠夺

　　掠夺经过大致如下。

　　时值北京刚刚被占领的1900年8月17日，日军骑兵第五连队于当晚7时抵达万寿山，未遭抵抗便迅速将其占领。为防止兵力分散，又于翌日清晨6时从万寿山撤兵。21日，俄军占领该地（参谋本部御编纂《明治三十三年 清国事变战史 卷四》）。此后，俄军开始了大肆掠夺。

　　参加过对义和团出兵的藤村俊太郎在他的回忆录（《俄国兵的暴行》，收录于《秘录北清事变——一位老兵的手记》）中，特意提到了这个问题。当时病榻上的藤村以"同事谈话"的形式谈到了核心问题。他说："进入宫内的人看到那些华丽的装饰品和叫不上来名的宝石玉器,全都瞠目结舌。但是由于连队长的严令,谁也没有碰它们一根指头,重新坚闭大门,在楼门上悬挂太阳旗,宣告占领主权。但不久后,俄军侵入其中,宝物便被成车运走。司令部即日便派遣一支小分队,企图加强颐和园警备。"日军认为己方享有先占权,俄军却无视太阳旗,等等,此时日俄之间围绕颐和园的占领问题纠纷不断。义和团事件发生时,以"中国通"著称的英国记者莫里循[1]（Morison）碰巧在北京,他将事件的始末向全世界做了介绍。其中,日俄之间的摩擦也记录在他8月22、23日的日记中（伍德豪斯暎子,《北京在燃烧——义和团事变与莫里循》,下同),从中可以看出日方杉（几太）和柴五郎对俄军的不满之词。然而,日军做出让步,事件以俄军占领颐和园告终。

莫里循与仆人孙天禄

被目击的现场

值得注意的是,莫里循于9月24日向《泰晤士报》发电报称:"俄军

---

[1] 莫里循（1862—1920）,苏格兰裔澳大利亚人,曾任英国《泰晤士报》驻华首席记者及中华民国总统政治顾问。他在中国生活20年,是中国近代史上许多重大事件的亲历者和参与者。

已结束对夏宫（颐和园）有组织性的掠夺，将所有有价值的物品全部打包，并贴上标签。"关于当时发生的一系列事件，现总结如下。

8月，《庚子使馆被围记》[1]的作者普特南·威尔[2]（B.L. Putnam Weale）目击了一大队俄军开着辎重车从远方驶来。10月5日，日本记者坪谷善四郎[3]一行进入颐和园，将当时目睹的情形记入题为《万寿山离宫总览记》的文章中（收于《北清观战记》，下同），进行了详细报道。书中真实生动地描写了八国联军占领北京城不久后俄军的侵略行径，引人深思。

在此值得关注的一点是，"大门是由英国士兵把守"。坪谷善四郎记载："几日前，一直把守北京的士兵（俄国士兵——原作者注）从北京退出，之后完全撤离，并由英国士兵代替把守。"这段记载从时间上来讲，与9月24日莫里循所发电报内容"俄军掠夺完毕"完全吻合。同时，他们是否数次大规模将掠夺物品运出北京城还有待考证。但是，威尔的文章中基本可以传达出当时的情形，似乎俄军在占领北京城后的一个月内进行了大规模掠夺，随后撤退。

英军的掠夺

此后，颐和园被英军占领。坪谷亲眼目睹了英军的掠夺行径，而且坪谷"观光团"一行也顺手牵羊掠走香炉、花瓶等作为纪念。如此看来，俄军撤退后，英军及"观光团"的掠夺并未停止。

狄葆贤在《平等阁笔记》中这样概括颐和园遭掠夺的情形。

---

1 本书英文名为 *Indiscreet Letters from Peking*，有陈冷汰、陈诒先译本，最早于1917年中华书局印行。
2 原名辛普森（1877—1930），英国人，宁波中国海关税务司辛盛之的次子，从小在中国长大。
3 坪谷善四郎（1862—1949），号水哉，日本出版人、编辑、政治家，曾任博文馆董事长、大桥图书馆（今三康图书馆）馆长、日本图书馆协会会长等。作为随军记者所著《北清观战记》研究价值极高。

颐和园被联军劫掠一空，角角落落无一幸免。佛香阁下的排云殿内，数十个各式各样的陈列架高及脊木，几乎与房檐相连，但全部空空如也。曾经陈列其中的宝物虽可推测，但具体数量却不得而知。

各国旅客争先恐后掠走一二留作纪念。最终，连挂在墙上的书画及窗上雕刻的装饰板（窗框）都被拆得七零八落。

颐和园中藏有无数碧犀、宝石、翡翠、珠宝等。数十年来，各督抚及群臣百官搜刮民间珍宝，悉数收入颐和园。啊，圆明园之灾竟又轮到颐和园！这简直无异于将国之精粹集中毁灭！比起杀人后尸横遍野的惨状有过之而无不及，伤痛也愈加深远。

从上述引文中不难看出，除俄军外，颐和园还遭到英军及坪谷"观光团"不同程度的掠夺。还有一点记录值得关注，即颐和园所藏文物的来历。西太后修建的颐和园中的文物精粹，皆为各地督抚耗时数十年从全国各地搜集而来。西太后所钟爱的博搜严选的宝贝，颐和园中应该举目皆是。这些陈设与壮丽庭园的修建相得益彰，显示出"女帝"的举世无双，却于顷刻间灰飞烟灭。哥萨克骑兵的闯入超出了"女帝"的想象，也成为推动历史的一股浪潮。

紫禁城与三海

紫禁城西侧和北侧被三个巨大的池塘包围，这三个池塘亦称"三海"，即南海、中海、北海，连同周边的园林，统称为"西苑"，是皇室贵族的游宴胜地、离宫行所。北海目前作为公园向市民和国内外游客开放，而中南海则为国家机关办公所在地，不对外开放。

下面进入正题。"三海"和前文所讲的颐和园，以及后文将涉及的"王府"都是义和团运动时期列强掠夺的重要目标，下文将逐一考证。首先来讲一个匪夷所思的事实，即唯独紫禁城几乎未遭劫掠（具体情况后文详述）。但是如果因此认为此次掠夺的规模和程度只限定在小范围之内，实是言之过早。

狄葆贤的证言中，指出以下几点：从明朝传承下来的珍宝原本藏于紫禁城中，但由于乾隆皇帝时常行幸三海，便挑选了一些喜爱之物移至西苑，而且清皇室数不胜数的宝物基本都集中在这里。

据其所言，包含从明朝所传珍宝在内，三海收藏了无尽的宝物。

此外，从坪谷的报告《北京皇城纵览记》10月4日的记载来看，位于中海西岸的西太后行宫仪鸾殿曾由德军把守，而10月4日此地已遭抢掠。值得注意的是，相传仪鸾殿藏宝之多胜于皇城。结合两份资料可知，三海之地以仪鸾殿为中心，收藏着与紫禁城相媲美的珍宝。实际情况如何，以下略加探讨。

西太后与仪鸾殿

首先，我们来回顾一下仪鸾殿的修建缘由。1886年，光绪皇帝16岁，西太后令其亲政，但她在准备退居幕后的前夕，又趁机大兴土木，为即将到来的"还政"做了大量准备，首先就是大规模修建邻近的西苑，将其作为"归政"后的隐居之所，最先想到的就是颐和园。而且，为了尽善尽美，当然也就不惜巨资。当时，西太后特意将寝宫选在了风光旖旎、阳光明媚的中海西岸，在此新建了辉煌壮丽的宫殿群，这就是仪鸾殿。慈禧为了向西扩张用地，甚至将西什库的土地与法国的天主教堂及其附属设施等进行了交换。耗费了3年时光，1888年西苑的一系列改建工程终于竣工。

戊戌政变后，光绪皇帝被幽禁于南海瀛台，政治实权最终又归于西太后。而这座仪鸾殿则代替了紫禁城的养心殿，成为权力中枢的政治舞台。顺便提一下，主战派和议和派围绕如何应对义和团一事，展开了激烈斗争，最终决定宣战的廷议，也在仪鸾殿举行。

以仪鸾殿为首的三海一带，即西苑，考虑到其历史由来以及西太后晚年愈发膨胀的权力欲望等因素，其地位是否凌驾于紫禁城之上，这一点我们姑且不论，但彼时历代王朝的大量珍宝很有可能被重新集中储藏在这里，这一点有资料可查。

《在北京最后的日子》

法国知名旅行作家皮埃尔·绿蒂（Pierre Loti，1850—1923）在义和团事件时获准暂住在仪鸾殿内的一个房间，得到了撰写事件实录的机会。他在日记《在北京最后的日子》（船冈末利日译）中用生动的语言描述了西太后藏于殿内的宝物，在此不厌其长，引用如下。

【十月二十三日】

天主教会传教士曾居住的房子、曾用作学校教室的房子都塞得满满当当，丝绸、茶叶以及青铜器、壶和香炉堆积如山，足有一人多高。

然而，最惊人的宝库、塞满了最多宝物的"阿里巴巴的山洞"竟是教堂。除了从紫禁城运来的古董，西太后还把两年前大赦纪念时收到的礼物都堆在那里（据说在此期间给这位女掌权者送礼物的官吏队伍长达一里，且持续了整整一天）。

教堂的中廊和侧廊里，堆积着成山成堆的盒子和箱子，达到廊柱的一半高。虽然此前已遭到日本人、德国兵、俄国兵的大肆掠夺，但仍留有大量宝物。其中有些超大的箱子，以及因里面的东西又多又重而被压在下面的箱子，尚未开启。堆在上方的大多数玻璃盒和黄绢衬底的宝石盒里，装着无数摆件饰品，把掠夺者们迷得神魂颠倒。玛瑙、硬玉、珊瑚、琉璃石做成的花，用翠鸟的羽毛精心制作的寺塔和盆景，摆放了许多小人物像的象牙制寺塔和盆景，需要耐心制作好几年的工艺品……它们有的被破坏，有的被步枪打碎，大玻璃箱飞散的碎片，踩在脚下嘎吱作响。

厚实的丝绸面料上绣着金龙的龙袍被扔在铺满各种破片碎渣的地板上，镂空的象牙、玻璃、刺绣和珍珠任人踩踏。

西太后的古董藏品中，有大量青铜制品、绣刻着不知是地精还是妖精的屏风、古董花瓶、景泰蓝、裂纹瓷器和漆器。堆积在下方的几个盒子里，还有谁也未曾打开过的、写着百年前皇帝名字亲启的远方寄赠品。最后，这间让人惊愕的教堂圣具室里，还有一堆纸箱，里面收纳着西太后的剧团演员穿戴的豪华戏服和中国古典样式的头饰。

被当作仓库的旧教堂里，除了从紫禁城运来的古董之外，1898年政变大赦时收到的礼物也堆积如山。据说，写有百年前就已驾崩的皇帝名号的盒子，依然堆在下方，至今仍未打开。仅旧教堂一处便可从中窥视出宝物的非凡来历，以及因西太后手握权力而来的各地珍宝之多。除此之外，仪鸾殿及三海各处的宫殿里都存有宝物，可以说西苑内聚集了历代大量文物。

还有一点值得关注，即10月20日以后的"无比放肆的掠夺"和"无以言表的混乱"情况，作者清晰地叙述了掠夺主角的更迭。因篇幅所限，此处略去绿蒂的原文引用。具体来说，就是从日军到俄军再到德军。关于这一点下文将细探究竟。

日俄德三军混战

关于绿蒂所说的掠夺主角由日本兵转向俄兵一事，当时的参与者柴五郎在作品《北京笼城》中也有简单描述。他提到，8月16日日军占领紫禁城中的大理石桥一带，而俄军却占领了仪鸾殿。恐怕在八国联军侵占北京不久，中南海一带就如同颐和园一样已落入俄军之手。此地后来经俄德易手，这和联合军总司令由德国人瓦德西担任不无关系。他于10月17日到达北京，入京后便决定将总司令部及自己的住处设立在仪鸾殿。俄军不得已只能服从。对照坪谷的《北京皇城纵览记》也可证实，最晚10月4日前德军已取代俄军。

此外，瓦德西本人也在《十月二十二日之报告》中做出如下记述：

90个人花费10天时间才收拾好，勉强可以住人了。但戏服、碎瓷器或玻璃等，现在都堆积在不用的房间里。而从用于接见公使、设为司令部的房子里面清扫出来的损坏的东西，也和杂物堆在一起，塞得房间满满当当。我看到的座钟便有几十座……

俄军残暴粗鲁的掠夺早已令这座皇室宅邸伤痕累累，两宫西逃不久，这里便已似人间地狱一般，宝藏堆积的山上到处都是贪婪的亡徒。在历史的节点上，一幕幕恐怖的场景反复上演。90人花费10天才勉强整理出来的，也只是作为司令部和元帅使用的房间而已。光是在废墟中发现的座钟就有数十个。然而，那也只不过是一部分备用品罢了。

仪鸾殿失火

仪鸾殿中无数光彩夺目的日用品倾注了历代工匠的精魂，无与伦比的珍宝极尽奢华，它无疑是西太后梦寐以求的至福乐园，然而美梦最终支离破碎。当然，掠夺行径并不只局限于俄军。正如各种资料所示，仪鸾殿被俄军大规模掠夺后，也曾断断续续地遭到其他人的掠夺。

不久，仪鸾殿迎来了更为悲惨的结局。1901年4月17日深夜，正殿（两卷殿）、东西配殿、福昌殿等主体部分被付之一炬。瓦德西元帅在4月20日的报告中提出了失火的论调，但是，企图消灭掠夺证据的"纵火说"却不胫而走。真相与烧焦黑暗的红莲之火一同被埋葬，"女帝"的梦幻在拂晓化为残骸，令人作呕的掠夺大戏也无可挽回地草草收场。

第三节　紫禁城的命运

皇城的日军

对紫禁城已无需赘述。但是，为何紫禁城能幸免于难？首先让我们回顾一下紫禁城被占领的原委。柴五郎[1]在《北京笼城》一书中逼真地描述了联军入京不久后紫禁城城门被占领的情况。为了更直观地理解，请大家再次参照26页的北京占领图来回顾北京城的占领经过。北京因其地形而常被比作"凸"字形，上半部分以紫禁城为核心，被皇城及内城双重城墙包围，下半部分的外城只被一重城墙包围。皇城环绕着紫禁城与三海，城中设有众多官署。内城环绕着皇城，是皇族及旗人等满族的居住区域。紫禁城被数重城墙包围，负责防守的是以勇猛著称的八旗军。彼时外城是汉人的居住区和商业区。

柴五郎

《北京笼城》

8月14日，日军先攻破内城门朝阳门及东直门，激战后攻破安定门并由此入城。眼前便是皇城四门——天安门（南门）、地安门（北门）、东安门、西

1　柴五郎（1860—1945），福岛县人，日本陆军军官，曾历任军事参议官、第12师团长等，是日本陆军最早的"中国通"。

安门。紫禁城本身也在四面设有城门,南面正门为午门、北面后门为神武门、东为东华门、西为西华门。一方面,日军步兵第四十二连队攻下东安门,与东华门内的清军交战。另一方面,柴五郎等人控制了"从故宫城墙内侧"到地安门的区域,攻下紫禁城神武门并"先于他国兵"占领了西华门。结果,紫禁城四门中除美军占领的正门午门,其余三门皆被日军占领。以上是紫禁城城门被占领的大致情况。

列国之间的权力斗争

各国军队指挥官

围绕占领北京这一主题,8月15日各国军队指挥官立即召开了第一次会议。接着在18日召开的第二次会议中,俄军指挥官提出以下提案,令人深感意外。(以下内容出自《明治三十三年 清国事变战史 卷四》,参谋本部御编纂)

为表彰各国对北京城的胜利占领,令各国军队于紫禁城游行一周,后锁城门,并一如既往把守之。

他提议各国军队在占领北京数日后于紫禁城游行之后便关闭城门,各国公使及将领表示赞同。或许本该去关注这个反常的提案,但我反而更想去探究这个提案的背后究竟暗藏着列强怎样的意图和各国微妙的差异。例如，关于如何把守紫禁城的问题，会议上掀起了一番讨论，即参与攻打北京城的日、英、美、俄四国是否应该各守一座城门，即"一国"守"一门"。如今城门是被先占领的日本兵独自把守，针对这一现状，这次讨论显然是后来之国要求对城门进行共同管理。

对此，日本福岛少将[1]做出如下反驳：紫禁城的四座城门是日本和美国以牺牲为代价占

瓦德西元帅（右一）与日本侵华司令官福岛安正在日本的合影（1901年）

领的，因此日本军队有看守城门的合理性乃至优先权。更何况日本军并无特权，也同要求其他各国军队一样，要求己方军队禁止踏入城内。总而言之，他不断表明日军对紫禁城是纯粹的保护与守卫，没有掠夺的意图。不仅如此，他还主张紫禁城作为皇帝的宫殿，其威严与众不同，只有可以自控私欲的日军才能胜任把守一职，实际上是对他国的不信任。一番争论之后，决定"要服从本国政府的指挥"，四座城门暂且继续由日军和美军把守。

然而，各国依旧各怀鬼胎，蠢蠢欲动。紫禁城的把守问题并没有轻易收场，他们将讨论的矛头指向了对"宫殿"的定义，对其认识上的差异也愈发突显。

---

1 福岛安正（1852—1919），精通外语，1878年由翻译提升为日本陆军中尉。1882年曾赴中国各地考察，并学习北京话。1892年曾从事军事谍报活动，花费1年4个月单骑横穿西伯利亚，受到世界关注。他也被称为具有大将军衔的"日本情报之父"。1894年中日甲午战争时任第1军参谋，1900年义和团事件时任临时派遣司令官，1904年日俄战争时任大本营参谋。1907年受封男爵。

8月19日，有人提出了"清除义和拳匪及清兵后，在紫禁城内游行"的建议，"诸位将领"表示赞同。后于23日的第四次会议中，福岛少将提出"暂时停止该提案"，获得了英美的赞同。其理由是，于现在的时间点强制进行胜利游行，势必会引起清朝政府的"激愤"和"恐惧心理"，从而导致议和谈判推迟。最终，在紫禁城内游行一事暂定交由列国公使协商解决。

宫殿的定义

本次会议围绕紫禁城的把守问题，尤其是关于宫殿的定义一事，进行了反复讨论。福岛的意见如下："约定所有宫殿任何国家军队不得入内。"然而法军与俄军完全无视这一约定，相继占领了景山、万寿山及北海、南海沿岸的宫殿。据福岛所言，"北海附近一带建筑群"为皇帝和西太后平素就寝用膳之地，景山为清室皇族的"宗庙之地"，因此把"皇城内外，从前臣民不得随意进出的所有地方"统称为宫殿。换言之，福岛所说的"宫殿"，不仅包括紫禁城，还扩大到离宫、御苑、宗庙等禁地一带。他以此为论据，对其他各国的占领状态提出异议。对此，也有其他国家提出狭义上仅把紫禁城作为宫殿等意见，众说纷纭，未能达成共识。最终决定于25日就"如何安排各国公使临时驻扎场地"一事再度召开会议。加上之前的游行问题及"宫殿"问题，下次会议无疑是重中之重。

25日当天，备受瞩目的第五次会议如期举行，各国公使和指挥官群聚议堂。会议开始后，首先展示了各国公使前一日的商讨决议。

依各国公使的意见，他们承认各国军队占领万寿山、天坛、先农坛及皇城附属庭园，但对宫殿及宫殿内部的所有物品，所有人不得擅自触碰。

对此，福岛少将坚持多日来的观点，予以反驳，再次引发争议。最终为明确宫殿的概念,成立了"宫殿调查委员会",进行实地考察,以此收场。但是,关于紫禁城游行一事,日本全权公使西德二郎[1]表示希望能够迅速实行,并建议俄军指挥官于两日后的28日实施,获得一致同意。自提议以来,经过半个月的时间,紫禁城游行最终提上日程。

紫禁城国宝,免遭一劫

此处重点关注前文引用的决议内容。虽说福岛对该决议颇有微词,但列国公使已对该决议达成官方性共识。据该决议,万寿山(颐和园;俄)、天坛(英)、先农坛(美),以及"皇城附属庭院"[三海(法)及西苑(俄)等],可以说官方性占领得到各国公认。换言之,即各国互相承认现有占领事实。这里所说的"宫殿"即紫禁城以及其中收藏的历代宝物,才得以免遭一劫。

八国联军紫禁城游行(1900年8月28日)(引自《在北京最后的日子》,东海大学出版会,最早出自雄狮图书公司出版的《摄影中国》)

---

1 西德二郎(1847—1912),明治时期外交官,男爵,曾考察伊犁,并推动日本参加八国联军进攻中国。

而看守紫禁城这一任务，暂由日美承担。总而言之，列强们单单把紫禁城视作神圣之地加以保护，却肆意允许此地之外的一切掠夺。究竟是因为什么让他们有这样的想法呢？列强在紫禁城"儿戏般"地举行示威游行，玷污了清朝的权威和脸面，恣意掠夺除紫禁城外的东西，却为何唯独对这座藏有无数珍宝的紫禁城，垂涎欲滴又克制私欲不去触碰呢？确实，日本和其他国家尤其是与俄国之间，对于宫殿概念的理解天差地别。但是，把紫禁城认定为宫殿这一说法，无论哪个国家都别无异论，可见紫禁城的威严确实与众不同。或许是激烈交锋中列强们的顾虑以及错综复杂的利害关系，达成了某种不可思议的平衡，亦或是产生了某种空白，以至于虎视眈眈地面对最终目标紫禁城时，八国联军都陷入一种无法动手的僵局。更何况紫禁城自身也潜藏着一种让异国侵略者肃然起敬的威严。列强们敲锣打鼓进行的紫禁城游行，不过是飘浮于那片空白地带的海市蜃楼而已。

八国联军紫禁城游行

集结在天安门前准备受阅的八国联军

26日以来，为确保紫禁城游行安全，福岛少将再三训诫紫禁城中的驻守士兵，并规定了从南午门到北神武门的行进路线，甚至高官的服饰也要一一查看。28日，日俄士兵各800名，英军300名，美军350名，法、德各一中队（中队为200人左右），奥匈帝国、意大利各一小队（小队为10～50人左右），于上午7时在大清门内的空地集合。8时各国公使以俄、日、英、法、德、奥、意的顺序纵队由天安门进入紫禁城，再经端门、午门、太和门，直线通过太和殿、中和殿和保和殿。上午8时45分日军通过，联军纵队行军完毕，并于神武门外列队。俄英两军乐队奏乐，法军吹号。9时八国联军全部通过并解散。清朝大臣以茶点招待联军各将领和参谋，并一同巡视宫殿。

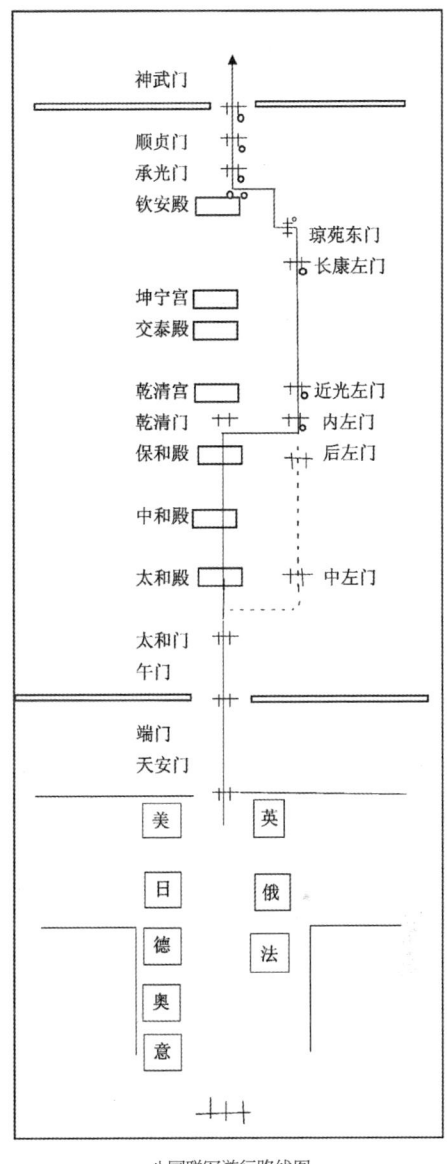

八国联军游行路线图

军队游行后，虽说紫禁城防卫相对森严，但只要得到守卫队司令官的许可便能参观。顺便一提，10月4日坪谷也被允许入城。据他所说，游行后"下士以下士兵进城，实为此时为始"。另外，皮埃尔·绿蒂在10月21日和27日也得到了参观的机会。但是，与颐和园等遭掠一样，紫禁城也无法避免被参观者顺手牵羊。

1902年1月3日，"庚子西狩"后约一年半，西太后一行终于回到朝思暮想的紫禁城。时光流转，无主的紫禁城里只剩下几个宦官与宫女，无数历代珍宝被囚禁在幽然深邃的皇城中。

第四节　祭坛、宗庙的悲剧

不可侵犯的圣地

紫禁城是一座城中之城，包裹于北京城之中。南建天坛，北设地坛，东西各有日月两坛。天坛用于冬至日敬天神，地坛用于夏至日祭地神，日坛用于春分之日日出时祭拜"大明之神（太阳）"，月坛用于秋分之日夜祭"夜明之神（月亮）"。北京把紫禁城喻为宇宙的中心。自古以来，人们认为紫微垣（北极星）居于中天，位置永恒不移，众星拱辰，为天帝所居，谓之紫宫。因此，"紫禁城"被视为代表天之骄子皇帝的绝对权威和神圣不可侵犯的象征。

紫禁城入口左有社稷坛，右有太庙，分别祭祀土地神、五谷神和祖先的圣灵。此外，天坛对面建有先农坛，其占地面积广，用以祭祀农业之祖神农。北京城笼罩着对天地恩惠和祖先庇佑的深深谢意及对万物孕育的一心祈祷。只有皇帝才能统治人间社会，与此同时，也只有皇帝才有权祭祀天神，这就是祭政合一体制。

其中祭天地、祭太庙、祭社稷等被认为是最重要的"大祭"，按照成规，皇帝务必亲临。以"祭天"为例，每逢冬至，皇帝亲临天坛，在仿天而建的"圜丘坛"上祭祀天神。祭祀前三日皇帝开始斋戒，其间忌刑罚，慎行乐。大致流程如下：首先烤祭牛，之后皇帝至圜丘坛上的神幄前，跪拜从皇穹宇中请出来的皇天上帝和清朝历代皇帝的牌位，奠玉帛，进俎，献爵。其间上演了符合礼仪规范的歌舞，使仪式更具威严感。

北京城内遍布着这样的宗庙和祭坛，里面常备多种祭器和乐器。列强军队曾把坛庙作为营地，如英驻天坛、美占先农坛、法驻太庙、德占社稷坛等。

先农坛祭祀图（北京·故宫博物院藏）

天坛的掠夺

关于坛庙的掠夺，不但有几份说明概况的资料片段，还留下了经管辖厅太常寺明确证实的正式调查报告。这份公文详细地记录了抢劫的规模及内容，十分珍贵。下面对此进行详论。首先请参照关于"天坛祭器"的报告［光绪二十七年十月初九（1901年11月19日）］。这是10月1日联军全面撤退后的调查报告，附在"天坛失物清单"即天坛遗失物明细上，详细记录了宝物掠夺和破损的受害情况。此处略加介绍（部分省略）。

圜丘坛：（铜制品）铜大鼎炉12座

（竹制品）竹笾148个 竹簠13个

（瓷器）白磁盘28个 青瓷簠26个 青瓷簋26个 青瓷登13个 青瓷铏8个 青瓷豆148个 青瓷尊13个 青瓷爵13个 青瓷酒盏120个 青瓷毛血盘16个

（金银制品）金里匏爵27支 金丝镫18盏 青羊角镶镫金2盏 圆金炉9座 银汤壶9把 银勺13把

（乐器）乐器1件

凝禧殿：（乐器）乐器1件

祈谷坛：（铜制品）铜鼎炉10座

（竹制品）竹笾108个 竹簠9个

（瓷器）青瓷登9个 青瓷簠18个 青瓷簋18个 青瓷豆108个 青瓷尊9个

青瓷毛血盘9个 白瓷盘28个 白瓷尊1个 白瓷碗1个

(金银制品) 金里匏爵27支

从内容上来看,列强不仅瞄准了金银器、铜制品、瓷器、竹制品等整体上都遭受了损失。其品类也涵盖了"鼎""爵""盘""豆""尊""笾""簋""铏""壶""乐器"等各种类型。这些祭器是放置祭坛用品、盛放供品的容器。另外,这些祭器的原型可以追溯自殷周时期,经过春秋战国直至汉代的青铜器系谱。最重要的是,它们沿用自古以来厚重造型的同时,诠释了作为祭器不可缺少的规格和威严。

列强驻扎的军队践踏了这些历史渊源深厚的祭器。当然,除天坛之外,社稷坛和历代帝王庙也遭受了同样的命运。不仅如此,京城内外的寺庙,甚至清朝的陵墓也遭到了掠夺。详情略去不提,但许多祭器、祭坛用品、佛像都被洗劫或损毁。

北京紫禁城是政治中枢、秩序形成的发源地,同时也是祭祀天神地祇、日月星辰、鬼神祖

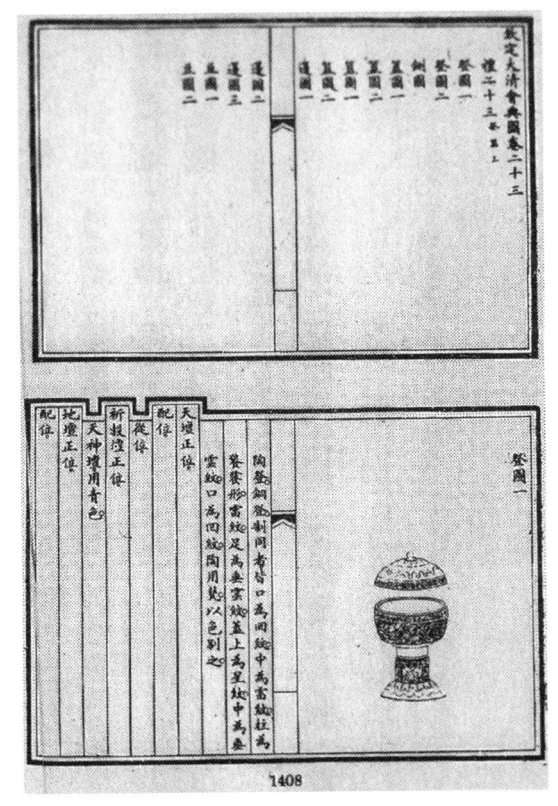

祭祀礼器——登(北京·故宫博物院藏),《钦定大清会典图》中刊载的登

灵的起点。只有作为天子的皇帝，掌握专权，担负着祭祀的责任。政治舞台紫禁城幸免于难，但祭祀场所坛庙却被蚕食。上天与祖先的庇佑终究无法胜过列强的贪欲。

* 在关于"社稷坛祭器"［光绪二十七年八月二十三日（1901年10月5日）］和"历代帝王庙"［光绪二十七年九月一日（1901年10月20日）］的相关报告中，分别附有"社稷坛失物清单"和"历代帝王庙坛失物清单"，由此可明确遗失物详情。（原文省略）

第五节　凝聚中华精粹的文字世界

图书与文献之粹

自太古时代把占卜文字刻于龟甲兽骨之上、把铭文铸入青铜器后，汉字便注定成为中华的宿命。笔、墨、纸、砚的发明极大地便捷了表达、记录与传播，这也促成了文房四宝的诞生。从抄本（手工抄写）、手卷本（卷轴）到出版本（印刷：木板/活字）、册子（装订本），出版技术的革命性进展第一次使书籍的大量发行成为可能，检索也明显简便化。中国的文字世界不仅在表达领域及文献丰富性方面无可比拟，而且也造就了中国出版技术方面的世界领先地位。

在中国，唐玄宗时期完成了后世袭用的图书分类法——经、史、子、集四库分类（四部）。这四库是基于儒教价值观森罗万象的大分类，清晰反映出儒教社会的自我认知。分类意图首先在于阐明儒教社会的秩序原理（经）；其次具体翔实记录皇帝统治、治国理政（史）；诸子百家著作及科学技术、艺术等的记录（子）；作为人文素养不可或缺的诗文，即个性表达的世界（集）。这样代代相传，积累了数量惊人的图书及文献，形成了凝聚中华精粹的文字世界。

历代正史所载的书籍目录《艺文志》记录了历代王朝书籍出版状况及存亡变迁。它如实诉说着各王朝不惜一切代价，为收集整理古今图书及独立编纂与出版所做出的种种努力。继承古代的典章文物，留下当代的足迹并传承给后代，这是历代王朝的职责所在。而且末代王朝清朝也汇聚了涉及各领域的大量图书与文献。仅精粹就有宋元发行所谓"宋元版"、明清两代集大成的类书与丛书、记录皇帝日常生活的"起居注"及详细记录皇帝治世的编年体"实录"等。譬如明代《永乐大典》及清代《四库全书》等，是编纂规模与文化意义层面的突出代表。

国宝《永乐大典》

《永乐大典》编撰于明朝永乐年间，历时 5 年完稿。全书近 23000 卷，11000 余册，经史子集无所不揽，天文、地志、阴阳、医卜、僧、道、技艺也网罗其内，以四声八十韵进行分类检索，古今典籍，轻博易引，可谓百家之书。其中含宋元逸文珍本，无价之宝名副其实。据说原书藏于文楼，明嘉靖时期副本收藏于皇史宬（另有他说）。此后，历经沧桑，清末时仅留副本，而且仅剩残本 800 册左右。

《四库全书》编撰于乾隆三十七年（1772），历时 10 年完稿，分为经、史、子、集四库，收录书籍约 3500 种，长达 79000 余卷。另外，只著录书名但未及收录的有 6800 部，94000 余卷。该书包罗万象，纵古通今，浩然巨制，历世罕见。本书最初收藏在紫禁城内的文渊阁中，之后藏于圆明园"文源阁"、避暑山庄"文津阁"、盛京（沈阳）"文溯阁"三处，江南杭州"文澜阁"、镇江"文淙阁"、扬州"文汇阁"三处，南北共七阁，各存一版，各有一部。但是，义和团事件之前，圆明园藏书因第二次鸦片战争时英法联军入侵北京而遭到破坏，江南镇江和扬州的藏书也因太平天国运动而不知所踪。

秘籍散佚

那么，义和团事件给清室的书籍、文书收藏带来了怎样的损失呢？由于紫禁城免遭掠夺，收藏《四库全书》的文渊阁、收藏《天禄琳琅书目》

所载宋元珍版书籍的昭仁殿理应平安无事。然而，并不是所有的图书和文献都收藏在紫禁城内。《永乐大典》存放在东交民巷的英国大使馆北侧的翰林院（掌管国史编修和诏令起草）。此外，虽不太为人所知，《四库全书》其实还有一套副本，早在乾隆末年就为方便士人阅览，存放在了翰林院（乾隆四十二年）。

于是悲剧发生了。1900年6月23日，翰林院却遭遇火灾。据说《永乐大典》本来所剩无几，却又损失307册，《四库全书》也烧毁46000~47000本（引自柴萼著《庚辛纪事》中《鹿传霖奏折》一文，以及市村瓒次郎[1]在《史学杂志》13-9上发表的文章《四库全书与文渊阁》第967页等），都是为战火所累。《永乐大典》目前在中国及海外共确认残存400册。其中流入日本的部分将在后文详述。

然而，损失并非仅此两例，还有其他重要文书散失。以下是内务府的正式调查报告。

宫中散佚秘籍：

《长白龙兴纪念》4册

《历圣图像》4轴

《历圣翰墨真迹》31册

《玉牒》草稿76册

《穆宗实录》74册

《光绪帝起居注》45册

《光绪帝御翰》8册

《慈禧太后御笔光绪御容》1帧

---

[1] 市村瓒次郎（1864—1947），日本清史研究第一人，文学博士。1887年毕业于东京大学古典学科，专攻东洋史、中国史。曾历任日本国学院大学校长、东京大学教授等。著有《中国史要》《东洋史统》等。

《丙夜乙览》135 册

《满洲碑碣》6 册

《历朝帝王后妃图像》112 轴

《宁寿鉴古》18 册

《皇华一览》4 册

《发逆歼灭实录》48 册

古籍：

宋版《后汉书》《六一居士大全集》

宋朝方宾《皇宋会编》

宋朝皇伦《尚书精义》

宋朝郑景炎《周礼开方图说》

宋朝张昭远《后唐列传》

宋朝邓洵武《神宗正史》

辽代刘伸《边事丛载》

元代仇远《唐百家诗选》

元代彭孙元《名臣小史》

元代金似孙《诸政典制》

明太祖《御书御制诗》410 篇

明武宗《廿一史小咏》

明庄烈帝钦定《逆案全稿》

明朝谢丰《龙潜纪事》

明朝胡应麟《古隐书》

明朝魏校《十七朝圣藻集》

明朝许重熙《皇明大事年表》

明朝李盘《蹴张新法》

皆为人所未见之珍本。

首先是前半部分的"宫中散佚秘籍"。历代皇帝和皇后们的画像，以及历代皇帝和慈禧太后等的真迹，特别是《穆宗实录》《光绪帝起居注》等原始资料，这些都是与皇帝皇室直接相关、名副其实的宫中秘藏文书。后半部分的"古籍"逸书单，如"人所未见之书"所说，是宋、元、明珍版。

一片狼藉

接下来进一步举例说明。首先我们来看一下明确记载当时受损情况的正式公文。例如"皇史宬"中的藏书，即《实录》、《圣训》（皇帝的敕书）的损毁数目调查报告［光绪二十七年十月初二（1901年11月12日）］。报告称，其中《满、蒙、汉实录／圣训》丢失51函、235卷，因污损需重新抄写的有1300余卷。对于散失到紫禁城外、与皇帝休戚相关的秘藏文书，用实际数目来进行证明至关重要。此外还应注意，因污损需重新抄写的实录及圣训，数量竟达1300余卷。这也揭示了八国联军对文献资料的粗暴行径。

下面介绍一下市村瓒次郎的报告。他于义和团事件爆发的第二年即1901年6月至8月来中国出差，以紫禁城和皇史宬等清皇室建筑为中心，集中调查书籍和文献史料等，其中有这样一段（《史学杂志》12-12、《史学谈话会记事》）。

沿池塘西岸北行，片刻便达紫光阁。这里曾一度作为接见外国公使的场所，外观甚美，但若进入内部，便会看见锦缎裱装的大量经典、图书集成、历代圣训、各类书籍散落一地，尽为残本，极其凌乱，让人不忍直视，义愤填膺。

紫光阁位于三海之一的中海西岸。同治十三年（1874）清朝首次在紫光阁正式接见日、美、英等六国使臣，并接受国书。市村所描述的已经是义和团事件发生后一年左右的阁内情况。在此，除了他对一片狼藉这一情形的愤慨之外，我更想关注他是如何以专家的眼光看待这些文献的。如《大藏经》《古今图书集成》等佛典及清初大型丛书，还有历代圣训和锦缎装裱的珍贵书籍等。也就是说，在三海和西苑的殿阁中也收藏了大量珍贵的书籍和文献。但它们除一小部分被八国联军带走之外，多半毁损殆尽。顺便说一下，坪谷在《北京皇城纵览记》中曾描述过的仪鸾殿与这里的紫光阁破坏程度几乎相同，无异于义和团打砸抢烧后的惨状："唯装裱精美的书册散乱一地。"想必书籍文献对于日本以外的八国联军来说，只是一堆不知所云的废纸罢了，毫无实际价值。因此与其说是掠夺的对象，不如说是损毁的对象，而这些珍贵的书籍最终却沦落到被"实用"的下场（用于如厕或当作燃料）。

经、史、子、集的中华文化大宇宙由汉字和文房四宝构建而成，想要进入这个广袤无垠的中华世界，首要前提就是通晓作为表意文字的汉字，否则这些珍宝便也仅是废纸而已。而日本以外的列强无法明辨这些书籍文献的真正价值。这就是我为何会说他们不是在掠夺，而是在损毁的原因。

第六节　皇族府邸

何谓王府？

明朝给皇族分封要地,授兵权,以藩屏社稷,但这往往造成地方割据局面,诱发叛乱。清朝为避免重蹈覆辙,除官位俸禄,不再授予亲王封地与兵权,从而将他们的活动范围限于北京城。最终,历代皇族府邸都坐落于北京城各处,这些豪华宅邸,就是王府。《红楼梦》中便完美再现了当时皇亲贵族极尽奢华的生活画卷。明清两代王府数量有所变化,但仅于清朝期间,就根据官位等级制定出约五六十条严格的王府建造规范,其中论府邸的规模和排场,亲王府首屈一指。然而,如今大多数王府都被历史的浪潮吞没,了无痕迹,仅有部分楼阁殿宇还在诉说着彼时的荣耀华光。其中,末代皇帝溥仪的生身之家醇亲王府(今宋庆龄故居)、辅佐西太后的奕䜣的恭亲王府都完整地存于什刹海岸边。恭亲王府内有长达160余米的二层建筑"后罩楼",还有怪石林立、彩画斑斓,是融多种艺术于一体的大花园。

杨典诰的《庚子大事记》[1]中饶有兴致地记述了该王府的相关内容。该书成书于1900年8月13日,当时列强刚刚占领北京不久。

掠夺的目标

法军闯入礼王府,将其银库内储存的200多万两银币全部抢走,收入西什库,堆积如山。宝物塞得密密麻麻,满满当当。大型货车运了7天才

---

[1] 原名《万川外史稿》,清末杨典诰撰,记录义和团运动时期于北京见闻,文虽简略,但能补史阙。

彻底搬完。礼王府原是前明朝的某王府，光是之前原有的宝物就数不胜数，加之历经200余年，且执掌大权，宝物之多就不遑多论了。

城内整整被搜刮5日，各王公大臣官绅的宅邸中所有银库及各式珍宝均被洗劫一空，而且宅邸本身也被霸占。只有恭亲王府和庆亲王府安然无恙，这真是不幸中的万幸。

我想从这篇文章中读取两个要点，一是法军对礼王府掠夺状况的具体描写。我们可以从中得知，王府中积累了大量财富和宝物，这一点作为王府遭遇抢劫的事例尤为重要。二是在众多"王公大臣官绅"的宅邸被抢占的情况下，唯独恭亲王府和庆亲王府完好无损。也就是说，大部分王府应该都损失惨重。下文将进一步加以证实。

安然无恙的两座王府

首先来考察一下两座王府得以安然无恙的理由。先说庆亲王府。义和团运动结束后，庆亲王府作为和平谈判的筹码，直接影响到列强中哪国能拥有谈判主导权，因此成为列强关注的目标。但是，因为庆亲王随西太后蒙尘西行，当时并不在北京，故而将其召回也成为了焦点。日、英、俄三国都清楚此事的重要性，所以都用尽了手段。日本在这场没有硝烟的战争中获胜的决定性因素是，庆亲王府恰好就在日占区内。日本利用这一点战略性地保护了王府。9月3日庆亲王一行最终回到王府。庆亲王府之所以仍保有往日风采，便缘于此。庆亲王府在清朝灭亡后每况愈下，经几番变迁，如今只有王府西院勉强展现着往昔的迹象。

关于庆亲王的积蓄，有一个颇为有趣的数据。是光绪三十年（1904）三月由御史蒋式瑆所写的庆亲王弹劾文中的一段（《清史稿》卷二百二十二）。内容如下：庆亲王奕劻将个人财产120万两存入东交民巷英商汇丰银行。

这120万两的金额，多少能代表着一座王府的财富实力吧。也就是说，包括前文提过的礼王府在内，积蓄以百万两计的宗室王府不在少数。此外，日军在占领北京期间，从官署户部和顺天府劫掠的马蹄银和银块等"战利品"的金额正式报告为291万余两。与这个数字相比，庆亲王和礼亲王等实力派王府的积蓄是具有相当规模的。如此一来，整个王府积蓄的巨额财富恐怕多半在义和团运动时期遭到掠夺。

其次是恭亲王府。从现在的保存状态来看，不难推测该王府当时并未遭受破坏。为何没有遭到破坏呢？这里请参照参谋本部御编纂《明治三十三年 清国事变战史 卷四》，该书以一例实证解析了恭亲王府得以保全的缘由。

最近，继庆亲王之后，恭（九月十七日）、醇（九月二十五日）、肃（十月二日）、礼（十一月十一日），诸亲王渐次入城，每次警务衙门均应其请求，出动护卫兵列队护驾，且醇、恭二亲王府均在日本占领区域内，均附有卫兵。

9月返京的恭亲王，其王府位于日本占领区域内，才得以保全。此外，虽然《庚子大事记》中并未提及，但醇亲王府也境况相同。两王府得以保全的原因便可明了。另外，礼亲王的返京时间为11月，时间较晚，而且其王府（现西安门南、东斜街）在日占区域外，其境遇则天差地别。总之，皆因时间较晚。

王府宝物变卖

下文从另一角度着重证明恭亲王府的保全与财富积蓄。该亲王家数量庞大的历代古玩珍宝在辛亥革命后不久几乎通通被变卖。而收购者正是日本东方古美术商——山中定次郎,详情后述,现在只讲一下重点。这次收购对定次郎来说无疑是千载难逢的商机,也使"山中商会"闻名遐迩,并成为该社蓬勃发展的节点。这笔巨额交易恐怕要以百万日元为单位来计算吧。仅通过部分豪华拍卖、商品目录的照片便可看出该亲王家收藏内容及其品质之高,自然该亲王家在义和团运动时期的安全性也不言自明。各王府历代的古玩积累已非想象所及。

通过以上例证,可以说礼王府的财富及古玩积累规模至少在实力派王府之中平平无奇。在这一背景下庆亲王府与恭亲王府也得以保全。由此可见,如《庚子大事记》记述所示,恐怕遍布内城之中多数王府与官富豪宅等对于列强而言是最佳、最丰富的掠夺资源。各王府无数古玩珍宝被掠夺,整体来看应占较大比重。从某种意义上来说,正因为有历代王府做"替罪羊",紫禁城才得以完好无缺。

徒具空壳的皇都

前文逐一考察了列强掠夺的经过,并进行了求证与考据。北京城是横跨元、明、清三代的古都,清朝帝王打破自身少数民族的桎梏,继承并再现了中华文明,将巨额财富汇集于北京城中,打造了以紫禁城为中心、皇威浩瀚的华丽都城,各处宫殿内四处点缀着令人惊叹的名器至宝。

联军以古都北京为目标入侵时曾多达10万士兵。面对装备先进、破竹而入的联军,八旗兵、义和团以及理应坚固的城门,均难以抵挡。联军入城后,烧杀抢掠,尸横遍野,古都危如累卵,摇摇欲坠。但是,只有一处未动干戈的缓冲之地,即被联军层层把守着的紫禁城。

然而,紫禁城内无主,皇帝以下的高官显贵都弃城而逃,中华帝国怅然若失,名存实亡。被遗弃的民众、御苑、陵墓均沦为虎狼的饵食。无睛之龙的北京,虚空无实的紫禁城,古都徒具空壳。

1900年夏,经历八国联军占领北京事件,列强的近代风潮席卷而来,古老中华被无情地割裂,这是中华封建帝国崩溃的前兆,是坚不可破的古都终将瓦解的序曲,唯高不可攀的紫禁城一如既往地巍然耸立着。

第二章　国宝渡海

八国联军总司令德国瓦德西元帅（左正面）、法国瓦隆（Régis Voyron）将军（中间）、英国盖斯利（Alfred Gaselee）将军（右），引自《在北京最后的日子》，东海大学出版会

第一节　八国联军群集聚宝之地

各国的掠夺

上一章，我们回顾了列强无尽的掠夺。本章将聚焦遭掠夺的文物及古董的流失状况。宝物落入掠夺者之手后又发生了怎样的流转呢？下文来一探究竟。

美军在天津抢掠的银锭

关于掠夺品的处置，各国做法不尽相同。譬如之前提及的日本把抢来的银块作为战利品，一部分用作战地经费，其余大部分送回本国。也就是说，日本虽然公认通过国家层面的军队缴获了战利品，但原则上没有承认士兵个人掠夺。但是，后来报纸上公开大肆讨论所谓"缴获"问题。山口师团长手下士兵的个人掠夺行径被详细曝光，上升为政治问题，遭到强行搜查，但最终真相被敷衍过去，不了了之。士兵通过各种渠道巧妙地带回金块、银块、马蹄银、金制摆件、珠玉、丝织品、书画古董等，或据为己有或换成现金。此外，还有当场变卖后直接汇款回国的，也有先存钱后带回本国的。日军自称"秋毫未犯"，且军纪严明也受到他国赞扬。但实际上也曾进行过相当规模的掠夺。

粗暴的哥萨克士兵

俄军（特别是哥萨克士兵）粗暴至极，甚至遭到列强举枪相向。他们对金银、珠宝饰品、毛皮等物品兴趣十足，对陶瓷等不感兴趣的东西则大肆破坏。沙俄财政部长维特伯爵[1]对当时的掠夺情景回忆如下。

内毕祺将军作为占领北京的功臣，将十余件掠夺来的无价珍宝打包带了回去。他的多名部下也纷纷效仿，从民间或皇宫大肆抢夺财物。（《维特伯爵回忆录》）

此外，根据俄方北京财政官员波奇洛夫的非正式消息，俄军指挥官也参与了此次掠夺，这桩罪行也被认定为事实。俄军代表、参加各国指挥官会议的最高司令官竟然也亲自大肆抢掠，其他则可想而知。

英法军的掠夺

法国也一样，参加各国指挥官会议的弗雷德将军将掠夺来的40箱财物运往欧洲（但在法国海关出了问题，有可能已被遣送回中国。《庚子大事记》）。此外，在西什库教堂，司教竟然公开以巴黎教会的支票作为交换，从士兵手里购买掠夺品。不过，法军讨厌司教垄断买卖，后来也让士兵在市场自由贩卖了。

英国禁止个人的掠夺行径，组织战利品搜索队，将掠夺品集中在公使馆进行正规拍卖，拍卖所得按官位高低分配。进行有组织的掠夺与利益均

---

1 维特伯爵（Count Sergei Yulyevich Witte, 1849—1915）是沙俄帝国末期的朝廷重臣，开明派政治家、改革家，直接参与了沙俄帝国的诸多外交决策。

沽，也就是谋求公营化，但其实不过是美化掠夺行径而已。

在北京居住的列强各国人中，个人掠夺和买卖也在横行。譬如，甚至连那个莫里循也在买卖古董（日记：9月22日/11月14日），据说后来他贩卖皮毛赚了一笔钱。另外，美国公使馆参事官斯库威尔斯曾放出豪言，说自己的收藏高达20万美元，结果被《纽约先驱报》（*The New York Herald*）曝光，公开了他的掠夺行径。还有传言说，麦当劳夫妇通过非正当手段至少获得了185箱宝物（伍德豪斯暎子，《北京在燃烧——义和团事变与莫里循》《军政下的北京》）。

西什库教堂

由此可知，除军人外，居住在北京的形形色色的人都显露出对掠夺和买卖的狂热，纷纷卷入其中。掠夺品或转送回国，或在北京处理换成现金。英国的做法是官方集中管理，公开拍卖；法国则允许士兵在市场上随意买卖。像英法这样，由军队处理古玩和金银财物之风盛极一时。下面我们进一步考察当时拍卖及市场情况。

第二节　揭开国宝外流之谜

古玩集市的出现

八国联军占领北京不久,古玩集市便陆续出现。10月中旬,古玩集市在日美占领区如雨后春笋般涌现出来。

其中陈列的古董、古衣大多是清朝商人从各国军队买来的战利品。当时清朝商人还不得开设商铺,于是他们便在街头摆摊销售,其中不乏珍品,如达官贵人穿的裘皮大衣,贵妇佩戴的金银珠宝类耳饰等,平常难得一见的东西,在这里以极低的价格就能够买到。有人为了购买,有人为了一饱眼福,聚集到集市上的人竟多达几千人。从北新桥到东四牌楼的十几条街道,处处人流如织,几无立锥之地。以东四牌楼为界,从南至北将日军与俄军划分开来。日占区热闹非凡,但仅一步之遥的俄占区却行人寥寥无几,冷冷清清。

（出自《北清观战记》中的《东四牌楼街的热闹》一文:十月三日）

10月初,从与俄占区仅一线之隔的北新桥到东四牌楼这1千米左右的大街上,兜售掠夺品的露天摊铺排得满满当当,客人蜂拥而至,拥挤不堪。平常无法企及的贵重物品在这里竟能以意想不到的低价轻松入手。而无比野蛮的俄占区却异常冷清。这样一来,治安良好的日占区内形成了人山人海的热闹场面,建立了各国军队能够自由交易的市场。掠夺者、商人、客人,各种赤裸裸的欲望交织在一起,热火朝天,产生一种不同寻常的混乱感。人人都想一攫千金。

美战区的情形也大致如此。进入10月，与德占区交界的虎坊桥到菜市口以西的"骡马"大街，成千上万的小摊从早晨起便开始拍卖古衣、珍珠、宝石、丝绸、古玩等，都是上等货，但价格低廉。原本价值十两的物品此刻一二两便能入手，其中大半是掠夺品。(《庚子记事》)

随着治安渐趋良好，各处都兴起了古玩集市。补充一点，日占区即便到了转过年的1月末，其繁华程度仍数倍于平日，由此可知掠夺品数量何其之多。

掠夺品拍卖

接下来看一下拍卖情况。如前文所述，掠夺品拍卖在英国公使馆内进行，拍卖会场由四名官兵组成的奖品委员会负责指导，盛况空前（伍德豪斯暎子，同前）。买家不仅是西方人，还夹杂着中国人。时至9月，作为占领区的天坛也开始进行拍卖，据说参观人数超过千人（佐原笃介，《拳事杂记》）。不仅如此，各国军队也都开始进行拍卖，使拍卖会与古玩集市一样成为掠夺品售卖的常规手段。

此时的北京，云集了各地投机者，他们想乘此千载难遇的时机，大赚一笔。其中，"各处商人，特别是专程赶来的美国商人，很早就开始经营，获得了暴利"（瓦德西元帅，同前：11月12日），其他列强商人也包含其中。他们把在北京买到的东西一部分在北京转卖，还有很多寄往本国。"满载掠夺品的各国宝船挤满白河，陆续驶向天津"（伍德豪斯暎子，同前），此后从天津运往海外。也就是说，除了各国军官直接送往本国，即纯粹的"掠夺品"之外，也有被拿到古玩集市售卖或拍卖后经商人或个人之手运送到本国的大量"商品"。不仅如此，

德国人运走了宫内的镇库之宝，所有掠夺来的宝石、玉器以及宫内的

珍稀物品，全都是回族人筹集资金廉价收购的［《庚子大事记》九月十六日（阳历11月7日）］。

在中国国内，也存在一些特定收购渠道。也就是说，除了流向海外，还有一部分是通过特定渠道或被商人以及个人大量购买的掠夺品，供给了中国国内。虽然物主几易，但更多的文物仍留在中国国内，可以说这是混乱之中进行的一种财富再分配。

哪些国宝遭到买卖

最后我们重新回到贩卖商品的种类。如概要所述，贩卖的商品以宝玉、丝绸、毛皮为主。之前提到的瓦德西元帅引文之后继续写道："贩卖的商品中，出现最多的是古铜器、各个时代的瓷器、玉器，接下来是丝绸、刺绣、皮革制品、铜瓶、剔红等，但其中鲜有金银制品。"而且，《庚子大事记》的作者杨典诰也曾收到过上述商品中的一种［十月十一日（阳历12月2日）］。

曾有古玩商带着一件玉磬（敲击乐器）来访。碧玉两侧金龙盘踞，旁边写着"夹钟（十二乐律之一：用三分损益法分音阶）"二字，并印有"乾隆二十九年制"字样。这是一件宫廷礼器，并不是普通百姓的赏玩之物。

以金彩描龙，且印有乾隆年款，因此很有可能该碧玉磬是紫禁城内皇帝专用的作坊——内务府造办所"玉作"制作。像这些百姓平时不得一见的宫中秘藏礼器珍品就这样流转于市井之间，此次文物流失的意义及质量可见一斑。

如此看来，从北京各处掠夺来的物品通过各种渠道或被列强运回本国，或回流、保留于国内。大批文物就这样流散于国内外，其中包括宫中秘藏品。

名宝出港

在本章最后，笔者想介绍一下义和团运动时期外流的几件与众不同的世界瑰宝，它们并非根源于中国本土，而是与西洋有较深的渊源，有的是从西洋带入中国，有的是由居住在中国的传教士制作而成。这些

德国人将抢掠的天文仪器摆放于波茨坦的无忧宫前

文物清晰地反映了清朝时期与西洋间活跃的文化交流盛况及清政府对西洋的喜好。无疑，掠夺者看到它们时也一定"备感亲切"。首先，让我们来看看大家熟悉的钦天监（天文台）配备的仪器。以下是一方当事人瓦德西元帅对这件事报告的大意（12月4日）。

康熙帝时期，传教士为天文台安装了铜制天体观测仪器。虽然已没有什么学术意义，但装载仪的台架刻有雄浑的龙纹，对于他们来说有着极高的艺术价值。法国认为，其中一部分是由法国制造或路易十四赠送的，故主张将其带回本国。但因天文台地处德占区，事情处理起来很棘手。最终双方互让一步，达成协议，一部分归德国，一部分给法国。

就这样，原本一体的仪器被两国瓜分。但由于其他国家对此表示谴责，

结果第一次世界大战后又归还于中国。

再举一例。乾隆皇帝一生数次远征,但唯独为纪念平定准噶尔和回部维吾尔大小和卓叛乱,特地让郎世宁等四位传教士画了《平定西域战图》,并委托法国科学院做成巨幅铜版画,当时的中国还没有这种技术。耗费巨资与时间,最终完成了16幅一套的"乾隆帝的征服"。为制作一张原画竟需要"一张铜版及两百张印刷画",但其中一部分因义和团运动时期奥地利军的掠夺而散失(新关公子,《郎世宁的一生及其评价》)。另外,该画的绢质画轴被德国汉堡民俗博物馆收藏,虽然这两件文物之间的关系尚不清楚,据说也是义和团运动时期被联合军掠夺的文物(后藤多闻,《两个故宫/下》)。

《平定西域战图》中所收《乌什酋长献城降图》(铜版画,台北故宫博物院藏,富田祐幸摄影)

名画流转

未曾想到,中国传世名画之一《女史箴图》也会流失海外。相传这幅画为东晋顾恺之所作,但其实原作已佚,现存版本是唐宋摹本,藏于大英博物馆。而现在一般认为，这幅画作是在第二次鸦片战争中英法联军占领北京时被掠走的。不过，也有观点认为，其遗失真正发生在1900年。故而，本节着重探讨这一分歧。

关于这幅画作目前可以确认的只有以下两件事实。一是该画作曾经在宫中存放的地点。据乾隆时期书画所藏目录《石渠宝笈初篇》（乾隆四十六年）所记，该画作藏于"静怡轩"，也就是紫禁城内养心殿西北侧、西花园东端。其次，这幅画作是1903年由一英军大尉卖给大英博物馆的。那么，1860年英法占领北京前，《女史箴图》就已经被转移至圆明园内。如果以此为依据，讨论焦点自然集中在劫掠发生的时期，所以各种推测都是结合1860年与1903年这两个关键时间点展开的。

（传）顾恺之《女史箴图》（大英博物馆藏）

例如，有人认为1860年英军就已经霸占这幅画，40年过后才出手。反对一方则说，第二次鸦片战争时期《女史箴图》幸免于难，义和团运动时期才遭英军抢掠，两极分化的观点针芒相对。诚然，该事件发生在1860年的可能性确实颇高，但1903年又十分接近义和团事件时期，而我们又没有有效证据证明这两个时期没有关联，故而无法得出明确结论。对此，笔者认为可换一个思路来考察。在1860年，英军也曾举行战利品拍卖会。那么便可大胆推测，1860年的拍卖会，使许多国宝留在了中国，而在义和团运动时期英军再度掠走了这些"暂存品"，回国后便变卖折现了。笔者把掠夺事实和流出时间分开考察，把英军拍卖会当作连接两者的线索，略有折中之嫌，但作为一种推理仅供参考。

化为灰烬的清朝国宝

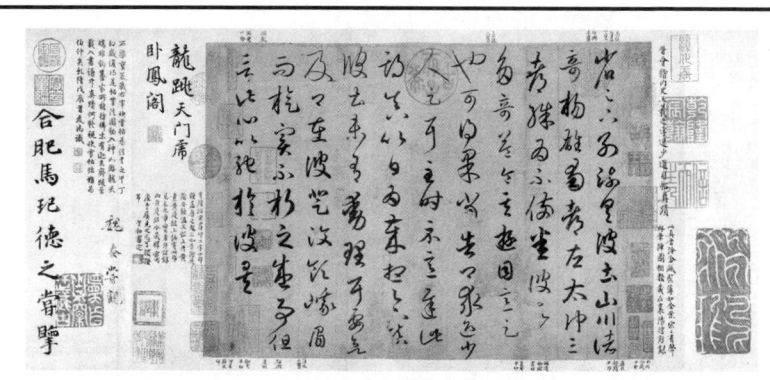

王羲之书法《游目帖》

王羲之《游目帖》

关于清朝国宝及文物流入日本的情况，后章将详细探讨，此处我只介绍其中一件命运多舛的名品，相传于义和团运动时期流入日本。

这件名品就是传唐代摹本王羲之书《游目帖》（又名《蜀都帖》《山川诸奇帖》），清乾隆年间为乾隆皇帝所藏，并镌刻于《三希堂法帖》内。

据说，这件作品后赐予恭亲王，义和团事件时从该王府流出，辛亥革命后传入日本。

该作品后由日本广岛的安达万藏收藏，1945年毁于广岛原子弹爆炸。历经千年的时光流转，终化为尘埃。

以上介绍了两三件国宝流失的案例。包括上一章探讨过的臻品典籍文献，相信后人还会不断丰富此类案例。近代列强强取豪夺，让中国文物开始了流失的历程。

那么，向日本流入了何种文物呢？其流转足迹，后文将一一追溯。下一章中，笔者暂且转换角度，通过探讨明治到大正时期日本古董商进入中国的经历，考察辛亥革命后中国文物批量外流的历史，以及日本近代中国鉴赏美术成立史的动向，以此纵观全局，探明问题。

下一章将介绍日本古董商的出现。

第三章　日本古董商进驻北京

晚年的山中定次郎 [引自《山中定次郎传》，照片摄于昭和十一年（1936）]

第一节　　从明治时期到大正时期

三大先驱

正中是释迦牟尼佛，两位胁侍菩萨分居左右，合称释迦三尊。娑婆世界教化众生的佛陀与尚在修行誓要普度众生的菩萨，这三者象征着对释迦的无限尊崇与大乘佛教的慈悲精神。说起其中的名作，法隆寺金堂的释迦造像不得不提。它是飞鸟样式[1]建筑的杰作，堪称纪念日本佛教雕刻历程的顶级国宝。但是，近年中国山东省青州出土了一批佛教雕像，其中彩绘贴金的石雕三尊像数量颇多，多为5至6世纪统治华北的游牧民族与北魏时期的佛像。其中部分石雕早年间曾在东京国立博物馆展出，其童颜与深邃的微笑令无数美术爱好者叹为观止。这无疑也引发了人们重新思考法隆寺三尊像的渊源。

说到对近代中国鉴赏陶瓷器与鉴赏美术的成立做出突出贡献的日本古董商，大家脑海中会想到谁呢？如本书开篇所述，首先是山中商会的山中定次郎，然后是茧山龙泉堂（东京京桥）的茧山松太郎、茧山顺吉父子及壶中居（东京日本桥）的广田松繁（不孤斋）这四位吧。定次郎最先被评为世界级东方古美术商，在日本内外有着绝对权威。他经商之道豪放并深谙人情世故。他以利益吸引贤士且极具人格魅力，实为大将之材。不难想象，当时年轻的广田不孤斋与年少的茧山顺吉等人接触到在世界舞台上大展拳脚的定次郎后，一定为其德行折服，满怀憧憬。茧山顺吉直至晚年仍称：

> 我最尊敬的人是大阪山中商会的创始人山中定次郎先生。我之所以从

---

[1] 飞鸟样式是指在日本飞鸟时代（552—710），随着佛教传入日本，受中国南北朝建筑文化影响而演变出的一种建筑样式，由朝鲜百济工匠建造，其中法隆寺为最典型代表。

事收藏品生意，正是缘于对他的由衷敬佩，他是我的榜样。（引自《感谢》）

广田也在多部著作中提及山中，仰慕之情可见一斑。

古董界的泰斗——山中定次郎

提到山中定次郎，有这样一则逸事。昭和初期，山中商会的神户保税仓库保管着一批将要发往欧美的清室国宝。广田得知后，便向定次郎表达了自己想要参观、欣赏这些国宝的强烈愿望。不出时日，广田便如愿以偿获得许可。山中商会的大阪总社中存放的多是清代陶瓷器的绝品，广田游目于数不胜数的国宝之间，瞠目结舌，便请求道：虽然这些国宝并不符合日本审美，但是哪怕在日本国内只留一件珍品也再好不过了。至于能不能卖出去我不好妄下决断，只想借一两件让顾客看一看。以下是原文记载的对话情形。

山中先生亲切地对我说："当然没问题，拿多少件都可以，卖不出去也不必担心。"于是我便承蒙美意，打算尽量多带走一点，他接着说："让你手下员工也拿点儿，随便拿。"闻听此言我们欢欣雀跃，带着无法遏止的喜悦回到了东京。（"将名品留在日本"《走过的路》）

珍品几乎全部售出。这些清朝国宝中包括被指定为唯一重要物质文化遗产的古月轩"梅花纹盘"，现藏于东京国立博物馆的清代陶瓷器。《走过的路》中也写道："横河博士也乘兴前来，收购了古月轩彩盘并捐赠给博物馆。"

这则逸事与日本的中国鉴赏陶瓷器的形成息息相关，让我们充分感受到了定次郎作为一位世界级的古董商所拥有的力量，以及抛开商人身份、他本人的宽宏度量。不仅是广田和茧山，定次郎的人格也俘获了众多同行和古董收藏家的心。每当我回顾日本近代中国鉴赏美术史的成立过程，以及定次郎所做的卓越功绩和发挥的影响力时，都会把定次郎比喻成释迦大佛，把茧山和广田比作站在两边的胁侍菩萨，古董界三尊佛的形象便悄然浮现在我的眼前。

山中定次郎无疑是一位传奇商人。以他为代表的日本古董商是从何时、何地开始进入中国大陆，他们和中国文物外流又有怎样的关联呢？

古月轩"梅花纹盘"（东京国立博物馆藏）

下文将着眼于明治中期到大正时期、辛亥革命前后日本古董商的动向，以大正时期为中心来宏观探究日本古董商进军世界的经过，并辩证地了解他们进出中国大陆的规模和意义。我还将援引数例，说明茧山龙泉堂从明治末期至大正时期这段创业期间的发展变化，并通过他们的收支明细来分析其经手文物的种类、数量、价格等经营销售的实情。从下一章开始，笔者将通过正式的考察，讲述日本中国鉴赏美术成立的背景，以及在此背景下义和团运动时期中国文物外流的意义。

缘起何时

日本古董商究竟是从明治时期的何时、以何种形式进出中国的？我将尽可能对这一问题追根溯源地去探求真相。

最先踏入中国大陆的古董商，应该是把浮世绘传入欧洲的林忠正[1]。中村

---

[1] 林忠正（1853-1906），日本富山县人。他不仅是活跃于明治时代著名的美术商，也是最早一批将日本文化和东洋美术介绍给欧美的日本人。而且，凭借其卓越的外语能力和文化底蕴，1900年巴黎世博会上，受伊藤博文等人推荐，担任了日本事务局局长。

作次郎称，林忠正于明治十九年（1886）以到美国销售为目的，辗转于香港、上海、天津、北京，大批量进行采购，可谓"大包小裹疯狂购入"。注1

另外，据说"早年他曾在北京购买过四五万日元的艺术品"。注2 由此，林忠正进入美国市场这一点值得关注。他的购买时间虽然并不确定，但具体的购入规模却值得考察。

明治二十三年（1890），山中商会的山中定次郎来到大清帝国。据说广田不孤斋曾听定次郎讲述过这段经历：定次郎当时把所有购入的收藏品全部带到国外出售，并未在日本售卖。途中，他乘坐轿子游转于"众多古玩商聚集的琉璃厂和东单牌楼等地"，"腰间插着护身短刀"，"真是滑稽之极"。注3

这则往昔逸闻饶有兴趣，但我更关注的却是山中商会以海外营销为目的一事。

"坐在北京皇宫御座上"（引自《山中定次郎传》）

好古堂和龙泉堂

对于上述传闻,有资料证实,中村作次郎(好古堂)和茧山松太郎(龙泉堂)在辛亥革命前确有渡清一事,后文将详述茧山松太郎(龙泉堂)的相关情况。中村作次郎为了考察中国古董商并了解古美术界的情况,于明治三十一年(1898)经朝鲜来到大清帝国,游历了北京、上海、苏州、杭州等地,详细考察了各地古董商。考察北京前门琉璃厂时他写道:

总体来说,我感觉古董店商品虽多,但符合日本审美的却极少。之所以会出现这种情况,是因为中国多次发生社会变革,明代以前的陶器,即宋元时期的珍品多在日本,而本该是正宗本源的中国反倒没有。目前北京一带多为清朝物件……因此,即便我们想来买些日本人喜好的东西,也根本买不到,甚是遗憾!注4

下面将重点考察这段证言。因为它着重描述了辛亥革命前十几年、义和团事件发生前两年中国古董街的代表——北京琉璃厂的情况,也是反映日本古董商对中国美术品态度的典型事例。琉璃厂的商品多是为进贡达官贵人而制,即"进贡礼品",其间清朝物品应该占多半。但是,在当时流行煎茶道(当时也称茶道)的日本古董商看来,这些都是非常艳丽的"欧单商品"。也难怪中村愤慨地说:"我们可以购买的货品真是少之又少。"与林忠正和山中商会不同,归根结底,中村的古董生意仅局限于日本人的喜好,这恐怕也反映了大多数日本古董商的想法。

后文将详述茧山松太郎的相关情况,此处仅略提一笔。他曾于明治三十八年(1905)4月"以古董买卖兼汉语研究为目的来到大清"。他并非短暂停留,而是定居北京,打算开展商业活动。在这一点上,他和其他古董商完全不同。注5

此外，明治时期也曾有大量古董商来到中国，但是由于缺乏有力的传闻、回忆和资料作为证据，此处略去不谈。从明治中期开始，便有少数日本古董商先行陆续前往中国。以甲午战争和日俄战争为契机，他们在明治末年就已经开始正式进入了。我们可以确认，从这一时期开始，就已经出现了面向欧美和面向日本这两种销售渠道。

大正年间的海外扩张

前文考察了战前或战后一些具有代表性的老字号在明治时期进军大陆的情况。接下来将基于外务省[1]通商局发行的资料（《海外各地在留日本人各行职业列表》），以大正时期日本古董商全球规模的海外扩张为重点，研究其规模和意义。首先依据这份资料来总结大正时期世界各地的日本古董商分布，见表3-1。

表3-1 大正时期日本古董商在海外各地区一览表

（单位：人）

地名/年次	大正4年	5年	6年	7年	10年	11年	13年
中国东北				1	8	13	5
中国华北区 ◎天津		0	2	6	9	9	10
北京				15	19	13	8	10
其他			0	0	4	3	3	4

---

1 日本的行政机构之一，主管外交。

续表

地名/年次	大正4年	5年	6年	7年	10年	11年	13年
◎中国中部 上海	15户		22	23	22	29	12
其他			2	2	2	2	1
◎中国南部			3	4	4	1	2
中国香港			12	13	12	12	13
北美 西雅图及其他			7	7	3	6	4
波兰			4	3	2	2	2
旧金山及其他			37	69	71	79	89
洛杉矶及其他			42	42	24	20	24
芝加哥			1	1	22	27	24
纽约			9	9	14	6	12
北美合计			100	131	136	140	155
伦敦及其他			2	4	2	1	4

表3-1选择古董商较多的地区进行统计。结果显示，从世界范围来看，日本古董商主要集中在中国与北美这两个区域。从大正六年（1917）至大正十三年（1924）的统计来看，日本古董商在中国本土（中国东北地区除外）由40人左右变为近60人，而美国从100人逐年增加到155人，二者比例约为1:2~1:3。而且在中国，日本古董商几乎集中在天津、北京、上海三处。另一方面，在美国日本古董商主要集中在旧金山、洛杉矶、芝加哥、纽约等地，特别是旧金山及其周边地区。

这些数字意味着什么呢？首先中国天津与上海是中国两大古董出口港，两港几乎垄断全中国的古董出口，后文将详述。不言而喻，北京既有紫禁城和王府等文物供给最大基地，又有琉璃厂等大型古董街，是中国最大的古董集散地。总之，日本古董商集中于最大的集散地北京、最大的出口港上海与天津。换言之，对于后文将要探讨的茧山龙泉堂与山中商会来说，中国是最大的采购基地。

另一方面，山中定次郎于1894年初次在纽约开设分店，1899年在波士顿、1928年在芝加哥陆续开设分店，这一点也将在后文中详述。在此期间，洛克菲勒（Rockefeller）、查尔斯（Charles）及非洲等地赫赫有名的大富豪也是他们的顾客，形成了以日本和中国为中心的东方古美术品销售地。

日本古董商在中国采购的文物不仅销往日本，也销往以美国为主的欧美地区，由此可见，文物的流向既有像茧山这样在中国采购、在日本销售的"中国→日本"型；也有像山中这样在中国采购、部分在日本销售，而主要在美国等欧美地区销售的世界扩张型，即明治时期的销售倾向在文物流出正规化的大正时期已完全显现出来。

以上是大正时期日本古董商的海外扩张情况及各商会进军中国的规模和意义，下面将举例说明。山中商会是"中国→世界"型的典例；茧山龙泉堂不仅是"中国→日本"型的典例，也是能够详细追溯到从明治三十八年（1905）至大正十一年（1922）其创业与发展轨迹的典型。

第二节　闻名世界的山中商会

再谈定次郎

让我们再次回顾定次郎的个人经历。庆应二年（1866）七月，时值江户幕府末期，作为古董商安达信五郎的长子，定次郎出生于大阪堺市。明治六年（1873），他进入堺市普通高等小学学习；毕业后，13岁时到大阪市东区高丽桥的古董商山中吉兵卫（天山）家当学徒；18岁至19岁，一边在大阪市立商业夜校上学，一边在补习班学习英语。明治二十二年（1889）在雇主吉兵卫的恳请下成为其养子，并与雇主长女结婚，入赘山中家。定次郎在明治初期接受了初等教育，特别是在做工五年后又重新获得了学习机会，为日后的腾飞奠定了基础。或许是因有坚实的后盾且被寄予厚望，他抓住了当时关西商人家常有的入赘机会。

明治二十七年（1894），定次郎29岁，他随家族同行山中吉郎兵卫（篝篁堂角山）等人赴美，在纽约市西27街区4号开设了小店铺，次年又在同一街区20号开设了店铺。同年，他进入伊斯特曼商业学校就读，两年后毕业。年过30的定次郎在异国他乡又重新开始学习，我们由此也能看出他远大的志向。不仅如此，明治三十二年（1899），他在波士顿开设了分店，次年又在英国伦敦设立了分店，并将公司改名为山中商会合名会社，亲自做业务员。明治三十八年（1905），他前往欧洲考察，在巴黎开设了代理店。如此一来，定次郎在赴美创业实现了多年的宿志后，又在短短10年时间里，在波士顿、伦敦、巴黎等欧美要地设立了分店网点。在此期间，定次郎与比格罗、普契诺罗莎、亚利亚、洛克菲勒、肯特公大卫等学者、贵族、富豪结下深交，为拓展海外事业打下了坚实的基础。

大正六年（1917），他在北京设立了办事处。同年，合名会社社长山中吉郎兵卫（箬篁堂角山）去世。次年，53岁的定次郎出资200万日元将公司改组，名为山中商会株式会社，自己出任社长，掌握了实权。大正八年（1919），他凭借自身功绩，获得了英国王室供货许可证，得到了世界广泛认可。此外，大正十二年（1923）开始，大型古董艺术品也通过展览（定价·展销会）在日本出售。即便昭和十一年（1936）定次郎去世（享年71岁）之后，直到二战期间，山中商会的大规模展销会依然接连不断。

定次郎在大正七年（1918）就任社长，迎来了自己人生的巅峰，不仅扩展了海外业务，还从大正十二年（1923）开始在日本首创盛大的展售方式。由于这些成就得到了广泛认可，进入昭和时代后，他不仅在日本，在其他国家也被授予勋章，作为一个世界级东方古董艺术品经销商，他赢得了不可动摇的声誉。然而定次郎去世后，由于战争的动荡，交战国海外资产被冻结并于其后被拍卖。不仅如此，展销会也在昭和十八年（1943）停办。定次郎不仅失去了占总资产80%的海外资产，且战后中国大陆的文物购买渠道也被关闭，山中商会支离破碎。它的历史使命是否也随战争一同结束了呢？

义和团事件与山中商会

义和团事件时期的文物流出与山中商会有着怎样的关系，定次郎究竟志向何处呢？

当时，兼任山中商会首任社长的是同族箬篁堂（角山）山中吉郎兵卫。虽然吉郎兵卫在煎茶具销售上投入了很大力气，但收效甚微，而且不久之后作为本书重要主题的青铜器成为收藏家们最热衷的器物，茶具已成往日旧谈。同时青铜器也是住友春翠成为收藏家的契机。不过，详细情况下章再述，此节将介绍定次郎和义和团事件的关联这一暗线。

该情节是《山中定次郎传》介绍"十八体观音"中的一段，内附照片。因为是短文，现原封不动抄录于此。

庚子事变时，我（定次郎）从德军手里买了十八尊观世音镀金佛，高一丈至一丈二尺。六尊运往美国，六尊送到东京，剩下的六尊寄放在京都现在的恩赐博物馆。这么大的佛像足足有十二尊，运到日本时，不少同行都很吃惊，并且说"天山先生个子虽小，买的却都是大件"。这个镀金佛的金层，镀得很厚，仅仅刮取佛像后背的金粉就足够打成三四个大金戒指了。

可惜的是，单凭这篇文章和照片，很难弄清这十八尊镀金佛购买时的情况和流转至今的过程。在此我也仅是希望能够确认定次郎和义和团时期文物流失的关系，以及那让人浮想联翩的定次郎生意手腕和众人对他的评价。而真正证明定次郎在古董界地位的，应该是辛亥革命后那次恭亲王的藏品交易。

购入十八尊观音像时的山中定次郎［明治三十五年（1902）］（引自《山中定次郎传》）

一生的赌注 —— 恭亲王藏品收购

亲王家文物流出与日本人之间的关系，最显著的事例莫过于恭亲王。从1911年10月辛亥革命持续到次年2月12日宣统帝退位，大约1912年3月，除了书画类外，恭亲王家历代藏品几乎都被山中定次郎一并购入手中。这是恭亲王感到政局不稳而尽早将藏品出手的举动。

其花费金额，尚不明确。但是通过像"这并不是十万或二十万的小数目"，"无论是怎样的商人，这样规模的生意，一生不会有第二次"（《山中定次郎传》）这样的表达，此次收购规模可见一斑。而对于战前的山中商会而言，这也绝对不是个小数目。具体内容如下。

……被拉到恭亲王府后，只见相当宽敞的宅邸内一排藏宝库，专门存放如意的如意库、收藏书画的书画库、存放古铜器的铜器库，等等，有数十栋……仓库内的珍宝约有一半已是灰尘累累。光是翡翠首饰都非常惊人，一粒都能卖到四五千日元的上等翡翠，他们却像抓豆子或糖豆一样，随便抓两把过来："这些货，你出多少？"

光凭山中的回忆录，就能充分想象亲王家不可估量的财富，以及山中商会巨大的收购规模。其规模甚至可能以百万日元为单位（后述）。该金额即便是与之后要讨论的辛亥革命时期每年的古董出口额相比，或是与民国十三年（1924）清皇室以古董为抵押，向北京盐业银行贷款高达80万相比，也毫不逊色，其规模之大，一目了然。细节将在后章再述。

山中商会收购藏品一年后，便于1911年春季在纽约和伦敦几乎同时举办了拍卖会。纽约全部展出品为536件，销售额合计276000多美元，简直是规模空前。伦敦拍卖会以玉、矿物类为主，展品总数为211件，拍卖额为6255英镑左右。比较这些数字可知，恭亲王藏品，大部分都是在美国拍卖出售的。但无论如何，这些数字都很好地说明了恭亲王藏品及其拍卖的巨大规模。可以说这个拍卖是山中商会为世人所知的最佳机缘。

但是，此处笔者突生疑惑。仔细想想，在纽约和伦敦拍卖会的销售额仅各有60万日元左右，这与传记的记述相比，总给人不大相称的感觉。大正三年（1914）三月发行的杂志（《书画古董杂志》69号）中的记载值得关注："有人说这次大阪山中商会180万日元买进的书画古董，在美国卖到了250万日元。"这180万日元的巨额数字是否指的是恭亲王藏品尚未可知，内容本身也许不可信，但是，这几乎与拍卖会同时期的传闻，应该有一定的参考价值。从结论上来看，虽说恭亲王藏品拍卖确实达到了相当规模，但根据传记和展品总数等来看，视为定次郎的天王山之战，规模还是太小。如果任我大胆推测的话，从买入到拍卖举办的一年中，通过店面或者私下个人销售等方式，我想已经卖出相当多的部分，拍卖的应该都是剩货。这样的话，与其说是拍卖，不如说是甩卖。

恭亲王府正殿前［明治四十五年（1912）］（引自《山中定次郎传》）

山中商会及定次郎此后纵横世界古董收藏界的精彩故事将在后文详细介绍。此处暂且只介绍作为"中国→世界"型最大的典型事例，即定次郎亮相世界舞台的恭亲王藏品收购与拍卖。

第三节 继往开来——茧山龙泉堂的创立

茧山松太郎简历

茧山松太郎,明治十五年(1882)生于日本富山县,青年时期历经曲折,逐渐坚定了成为古董商的志向。明治三十八年(1905),日俄战争结束前后,他开始学习中文,先行一步,奔向中国大陆,准备打开北京这一长期进货渠道。自明治四十年(1907)专注于古董业以来,松太郎频繁往返于北京与日本,事业发展顺利。经辛亥革命后,他预见到"一战"后将经济繁荣,于大正五年(1916)回国,6月在东京银座一丁目的繁华地段租下店铺,开张营业,当时他

由茧山龙泉堂带入日本的唐三彩双龙耳瓶

只有三十几岁。大正九年(1920),他又在京桥区铃木町投入巨资开设新店。大正十二年(1923),商铺在关东大地震中遭受了巨大损失,但仅仅一个月后就重新开业,再度复兴。

北京的经营状况

松太郎生性严谨,创业期的"手账"上工整地写着"明治三十八年五月 古董进货簿 第壹号 龙泉堂",记录着辛亥革命在内从明治末到大正中后

期，茧山会社的海外经商经历和发生转变的经营内容，脉络清晰，一丝不苟。这本"古董进货簿"显示，明治三十八年（1905）至四十二年（1909）的经营收支：进货总计16823日元，销售额总计23422日元，利润总计约达6600日元，年均收入在1650日元左右。创业期较为顺利，如明治四十一年（1908）获得3888日元的巨额利润，这得益于砧（青瓷）袴腰香炉以1000日元进货、以4000日元售出，获得3000日元的巨额利润。松太郎首次获得了巨大成功，这次成功多多少少确定了他此后经营销售的核心。

明治四十三年（1910）至大正五年（1916）前半期，上文"手账"中主要物品的销售额也包含在内。在此期间，松太郎受到了明治四十四年（1911）辛亥革命与大正三年（1914）"一战"爆发的影响。尽管遭遇了历史的狂澜，但明治四十三年（1910）同往年一样，仅砧青瓷大花瓶就获利3350日元。大正五年（1916）新年后不久购得袴腰中型香炉，于3月末售出，获利超3000日元。就这样，以销售高档青瓷为主的模式强有力地支撑起了松太郎的经营。

东京开业

海外事业成功后，松太郎预见到大战后将迎来经济繁荣，便马上回国，并于6月在东京银座开店。扣除开店的各项经费1500日元，本金达15500日元。这笔资金来源于明治二十八年（1895）至大正五年（1916）上半年这十几年间的经营积蓄。

自东京开业以来，仅大正五年（1916）下半年，经营利润就达5000多日元，大正六年（1917）利润甚至突破了20000日元。大正七年、八年的利润有所减少，但年利润也超过10000日元。在中国开店十余年的最终成果仅有15000日元，刚刚是银座开店的本金而已。以这笔开店本金作为参照，不难看出银座开店后利润的巨大增幅。松太郎瞄准大战时的繁荣时机回国，并在银座开店，无疑是恰得其时。

大正九年（1920），松太郎在京桥区铃木町投入40000日元巨资建筑新宅，迁至新居，这也充分证明了他在经营上顺风顺水。

这本"手账"中详细记录了大正十三年（1924）关东大地震的受灾状况和当时的全部资产总额，他的事业根基实质上已不复存在。根据内容记载，残余资产和现金共计57200日元，加上损失财产70600日元，地震前的总资产共计近130000日元。也就是说，松太郎从大正五年（1916）下半年自银座开店以来，经大正九年（1920）搬迁至京桥，再到发生关东大地震的7年间，除去在银座开店时的15000日元本金，积累了十余万日元的巨额资产。我们大有必要去关注这一期间空前繁盛的状态。

总的来说，松太郎在辛亥革命时期，以北京作为进货基地，以东京作为销售基地，往返于二者之间，并且在相当短的时日内，为茧山龙泉堂奠定了坚实的基础，尤其在银座开店后更是乘着大战带来的经济繁荣巨浪，经营规模显著扩展。沿着茧山松太郎这位古董商一路走来的足迹，从创业初期到经营规模扩大，可以看出他便是辛亥革命时期中国文物外流时，日本古董商动向的典型代表，也是"中国→日本"型个人古董商的典型案例。

采购了什么？

下面重点来考察茧山进货的特征。据《古董采购簿》记载，明治三十九年（1906）至四十二年（1909），各年度的进货量在130到180件左右，有陶瓷、古铜器、玉器、佛像、漆器、印材、砚台、案几、书画等，采购商品的品类包罗万象。据统计，在这四年间，明显可以看出松太郎的主推商品由以玉、矿物类为中心的"文具"开始转向陶瓷制的香炉、花器等"茶事"用具。文具最初占据压倒性比例，后期却急剧下降，如何理解这一现象呢？

从结论上来看，只将文房用具看作具有实用价值的销售品，或者单纯地看成主营商品的替代品，过于轻率。即使在江户时代结束后，文房用具作为赏玩器物依然在文人雅趣中占据一席之地。这些精致的文具虽然已过盛期，但仍在当时盛行的煎茶道中，摆在茶室供人观赏，这就是所谓的文房装饰。在室内焚香，插花，品茶，尽享文房清雅之趣。也就是说，这些文房用具与文人爱好及颇有渊源的煎茶道紧密相连，与香炉、花器、茶具融为一体。正因如此，我们便不难理解松太郎主营商品从"文具"向陶瓷类"茶事"用具的转换。另外，探讨促使这种转换的契机，我们有必要回顾前文提到的明治四十一年（1908）青瓷香炉成功出售的案例。（关于煎茶的文化史意义，后章详述）

青瓷香炉（静嘉堂文库美术馆藏）

以茶器为主

从质地上看，尤为引人注目的是翡翠、（六朝）金铜以及石佛、青瓷、白玉、荞麦手、紫檀、青贝等，品类包括花瓶、香炉、香盒、砚水壶、点心盘等。其中，若论名贵之最，品类上当数香炉或花瓶，质地上当数白玉或青瓷。此外，还有一点也较为明确，即明治四十三年（1910）以后，它们依然在各自领域地位斐然。明治时期至大正五年（1916），龙泉堂在北京营业期间，收购的高价品几乎已经限定在白玉和青瓷的香炉或花瓶上。其中共有4件珍品盈利1000日元以上，有3件获得超过3000日元的巨额收益，且皆为青瓷。总而言之，在茧山看来，恐怕青瓷中的绝品才是左右年收益的王牌。

这种动向，与其说是日本人的嗜好，不如说是强烈地反映了当时日方的需求。明治中期到末期煎茶依然盛行，抹茶也终于摆脱明治维新时期的衰亡，逐渐向大正中后期的最盛期过渡。上述的很多采购品和高价品是反映这种潮流的茶事用具，尤其是用作煎茶的茶具和文房装饰。另外，青瓷香炉在煎茶和抹茶都占据重要地位，而青瓷花瓶主要用于抹茶，玉制香炉主要用于煎茶。

据现存文献所示，明治三十八年（1905）至大正五年（1916），松太郎在北京经商期间，无论是在辛亥革命前，还是在文物流失最严重的辛亥革命后，他所经营的古董似乎一直侧重于以日本人为对象。这看起来似乎与辛亥革命之后形成的、亲自肩负起开拓者之光的鉴赏陶瓷器（非茶道具）相去甚远。

《竹庄茶宴图录》中刊登的文房饰品及目录明细［明治三十二年（1899）］（笔者藏）

银座开店——迎来鉴赏美术的黎明

上文我们回顾了从明治末期至大正中后期龙泉堂的经营状况和销售种类等。但是，大正五年（1916）后期银座开店后的销售种类尚不明确。再次参考"手账"后发现，大正六年（1917）销售的高价文物是白玉、青瓷等，主要用于茶道。银座开店后，至少在刚开始阶段，就高价文物的销售方面，这种趋势保持没变。然而"手账"中对于之后的销售种类没有做任何记录。

这里参照壶中居创始人广田不孤斋的回忆[注6]来进一步考察。广田不孤斋是后来在东京与茧山龙泉堂一同开创鉴赏美术的重要人物。据他回忆，大正六年（1917）8月，薰隆堂旧主神通由太郎去世之际，茧山松太郎向自己发出邀请："我平时总去北京出差，不能看店，所以想把店交给你，务请帮忙。"于是，广田在茧山银座开店一年后进店工作。5年后，即大正十一年（1922）至十二年（1923），广田独立，开设了自己的店铺，然而未过半年就遭遇关东大地震，后于第二年（1924）与西山保共同创立壶中居。因此可以说，广田是与茧山银座开店后事业极速发展直接相关的当事人。据他回忆，在龙泉堂工作期间：

> 正好赶上第一次世界大战，一夜暴富的人很多。经济繁荣，商贸兴旺，商品卖得很好，所以工作充满干劲。

这可以证明大正五年（1916）以后茧山事业的兴盛程度。他还列举了当时来店顾客下村观山[1]、桥本关雪[2]、小林古径[3]、安田靫彦[4]、前田青邨[5]，藤岛

---

1 下村观山（1873—1930），日本画家，东京美术学校（今东京艺术大学）第一届学生，师从桥本雅邦，并受教于首任校长冈仓天心。主要研究日本传统绘画和中国宋元画。
2 桥本关雪（1883—1945），日本画家，师从竹内栖凤，是新南画集大成者。曾任帝展审查员、帝室技艺员等。擅长诗、书、和歌，精通中国古典文学，并屡次赴华。
3 小林古径（1883—1957），日本画家，与前田青邨、安田靫彦并称日本美术院"三剑客"，将日本传统画作中融入现代元素，确立了新古典主义画风。
4 安田靫彦（1884—1978），日本画家、能书家，师从冈仓天心，与前田青邨同为历史画大家，并一起参与烧毁后的法隆寺金堂壁画复原工作。
5 前田青邨（1885—1977），日本画家，师从历史画家梶田半古，在日本传统画、历史画、肖像画和花鸟画等多领域均成果斐然。

武二[1]、正木直彦[2]、守屋孝藏[3]、横河民辅[4]等人的名字,并说道:

前田青邨上供皇室的作品《唐狮子》

这些艺术家的爱好逐渐向大众普及,于是佛教美术、金石、汉六朝唐俑、宋元明陶瓷器的进货越来越多……因此,我认为这些日本画、西洋画艺术家以及其他少数爱好者的出现,基本上是今天鉴赏美术繁荣的源头。

1　藤岛武二(1867—1943),日本画家,最初师从川端玉章研习日本画,不久后便转向西洋画,曾多年居于日本西洋画坛上的导师级人物,作品多为印象派和浪漫主义风格。

2　正木直彦(1862—1940),日本美术行政家,东京帝国大学法学系毕业,曾30多年担任东京美术学校校长,并任文展审查委员会主干事、帝国美术院院长等。

3　守屋孝藏(1876—1954),日本律师,以收藏古写经和铜镜等古美术品名扬日本。卒后其藏品均赠予京都国立博物馆,著名出版物有《守屋孝藏氏蒐集 古经图录》等。

4　横河民辅(1864—1945),日本建筑家、实业家,将钢筋水泥框架结构引入日本建筑的先驱者,横河集团创始人。此外,他喜好收藏中国古陶瓷,并将其捐赠给了东京国立博物馆。

这份证言极为重要，因为他提及了从大正六年（1917）、大正七年（1918）到关东大地震发生前的大正十一年（1922）、大正十二年（1923）龙泉堂的进货偏重，并列举出当时来店的客人，还指出这些画家和少数爱好者成为了鉴赏美术的先驱。换言之，在这一时期，大量金石、俑等出土文物以及不拘泥于茶事用途和规格等陶瓷类文物（包括发掘品）逐渐被带到日本，并吸引了一部分艺术家和爱好者的关注。就这样，迎来了鉴赏美术和鉴赏陶瓷器的黎明期。

中国方面的背景

另外，需要充分注意的是产生这种变化的中国方面的因素和背景。除茧山等人参加的内府竞拍导致清朝传世官窑大量流出之外，辛亥革命之后，中国大陆相继有考古发现和发掘。随之而来的是大量埋葬品被盗，造成文物流失海外。继考古发现殷墟、敦煌后，1905年京汉线支线施工时又发现唐三彩；1918年到1919年，发现宋代淹没的古城巨鹿；20世纪20年代许多古窑相继发现（详情参照第六章）。也就是说，中国提供发掘品和官窑品等鉴赏美术主体的客观条件，在这一时期日渐成熟起来。茧山敏锐地察觉到这些变化，并一改经营

乾隆官窑绿彩（红彩）杯台

重心，不再单纯全部投到茶事用品上，而是同时开拓鉴赏陶瓷器领域。可以说这直接导致银座开店后事业的急剧扩大。这一时期，是茧山经营重心逐渐由"茶事"向"鉴赏"转变的过渡期。

根据茧山"手账"和广田的回忆，笔者对大正五年（1916）、大正六年（1917）到大正十二年（1923）震灾前茧山的进货种类进行了类推。或许就是在上述背景下，他经营的出土文物和官窑品逐渐增加。对这些陌生的文物造型感到震撼的日本人中，开始出现不拘于煎茶、抹茶器具的用途和规格，而是纯粹用作鉴赏的爱好者。以茧山及其后继者壶中居为核心，东京聚集了一批这样的爱好者。大约从大正中期至昭和初期，正值煎茶凋敝、抹茶盛起，一批先驱行家和收藏家们一起开启了日本的中国鉴赏陶瓷器的黎明。

山中商会的功绩

山中商会和山中定次郎不但影响着茧山和广田，还成为日本乃至世界性的中国美术传播的带头人。他们在日本的中国鉴赏美术的形成过程中，起到了怎样的作用呢？后文将做详述，在此简述一二。山中商会的首任社长山中吉郎兵卫（簪篁堂角山）以煎茶道具为纽带，将本书的核心，即义和团运动时期外流文物——青铜器与住友春翠的收藏结合起来。第二任社长山中定次郎作为"中国→世界"型经营模式的典型代表，其经营策略与茧山珠联璧合，在全世界范围内普及中国鉴赏美术，其代表性案例即辛亥革命后恭亲王文物收购一事。此外，大正十二年（1923）以后，他还在日本举办各种盛况空前的展销会，对日本的中国鉴赏美术普及和确立做出了突出贡献。也就是说，从山中商会的首任社长吉郎兵卫以煎茶用具为中心，向第二任社长山中定次郎以鉴赏美术为中心的转变过程，促成了一个家族内部极富标志性的转变。此外，从中国近代文物外流史来看，这也正好与义和团运动到辛亥革命这段时期文物外流的扩大化与规模化相吻合。

下节内容将再次回到义和团运动时期文物外流的主题，我们将聚焦珍宝流入日本的真相。

注

注1：参照中村作次郎《好古堂一家言》[大正九年（1920）]，第135页。

注2：参照中村作次郎《中国漫游谈》[明治三十二年（1899）]，第27页。

注3：参照广田松繁《鉴赏陶器》[《东美》昭和四十四年（1969）年13号，后收入《东京美术市场史》昭和五十四年（1979）]，第218页。

注4：参照中村作次郎《中国漫游谈》[明治三十二年（1899）]，第28—第29页。

注5：参照茧山顺吉编《感谢》（便利堂，1991年）中所收《手账》。

注6：参照广田松繁《走过的路》[昭和二十六年（1951）]中的《龙泉堂时代》等。

第四章　未知的中国国宝登陆日本

山中吉郎兵卫·箬篁堂（角山），兼任山中商会首任社长（引自《山中定次郎传》）

第一节　抹茶与煎茶的明治维新

维新狂澜

明治维新时期，日本的传统美术进入苦难期。欧化主义风潮席卷日本，加之废佛毁释[1]运动的影响，许多舶来的美术工艺品被无情毁弃，其中最为严重的当数佛像和武器，但是，抹茶道具也同样成为众矢之的。江户时代，将军家及大名家专设茶职且讲究程式，抹茶道在家元制度[2]中立足扎根。随着明治维新的到来，将军、大名丧失领地所有权，抹茶道也因失去经济基础而日渐衰败，明治中期几乎彻底败落。明治中后期至大正时期，益田钝翁[3]、高桥箒庵[4]等近代财阀中的风雅人士，并非凭借家元制度一脉相承，而是以大茶人的身份登上历史舞台，这使抹茶道得到了复兴的机缘。当时恰巧经历了甲午战争与日俄战争，日本国粹主义思潮高涨，而且第一次世界大战前后甚为景气的日本经济也对复兴抹茶道起到了推波助澜的作用。这一切使得大正时期茶道具价格暴涨，抹茶道终于迎来巅峰期。

明治初期至中期，日本美术在困境之中苦苦挣扎。那么中国美术又境遇如何呢？此时，出现了一个令人意想不到的潮流，它就是与抹茶形成鲜明对照的煎茶。隐元大师将明代煎茶法带入日本，这是煎茶最初的起源，

1　废佛毁释发生于明治初期，明治政府为了强调天皇的最高统治地位，鼓吹神道，实行神佛分离制度，展开毁坏寺院、佛像、佛具等的运动。

2　家元制度是保障各类技能尤其是传统工艺技能代代世袭传承的重要制度，位于等级顶端的大家长被称为"家元"。

3　益田钝翁（1848—1938），男爵，原名益田孝，别号钝翁，日本实业家，曾任三井物产社长等要职。同时，作为茶人也德高望重，影响巨大。

4　高桥箒庵（1861—1937），原名高桥义雄，毕业于庆应大学，日本实业家，同时也是著名茶人。

之后煎茶便开始宣扬中国式礼法与文人雅趣。文人墨客聚于书斋，不拘礼法地品茗赋词，舞文弄墨，品鉴书画，极尽文房雅玩之趣。但是，到了江户后期至幕府末年，煎茶道脱离上述本旨，开始执着于煎茶道具与茶道仪式，在逐渐向大众趣味化转型的同时扩大了群众基础，形成一股势不可当的潮流。但正是因为这种转型，使煎茶道越过维新巨浪的冲击，明治后毫不衰微，反而蓬勃发展起来。不胜枚举的茶会记录和频繁举办的大型茶会也证实了这一点。下面将稍作补充说明。

"品茗会"的起源

到了明治时代，大型茶会（品茗会）开始盛行，其规模从十席到几十席不等，席间所用煎茶道具式样繁多，别出心裁。而且，除了茶席外，还专门设有用于鉴赏的观展席，并按照主题分设不同展位。最初的展品为书画类，后来扩展到古铜器、陶瓷器、盆栽等大规模展览。质与量均竞相媲美，鉴赏性显著提升。将上述茶席和观展席所用道具饰品刻为木板印刷图录，并将展出的道具类明细完整记录下来的便是

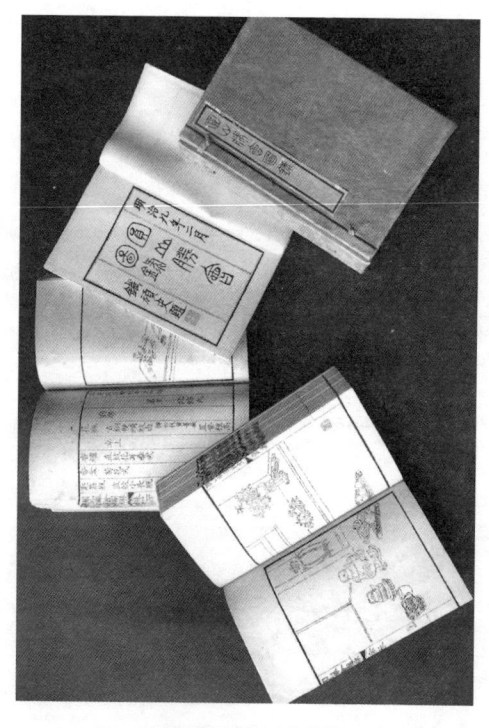

《圆山胜会图录》（笔者藏）

"茗宴图录"。明治初期的《青湾茗宴图志》和《圆山胜会图录》等首开先河，之后各种图录层出不穷，有名的便达60余种。图录在明治10年代（1868—1877）、明治20年代（1878—1887）达到巅峰，直到大正末期仍有发行。但是，随着抹茶与煎茶的隆衰交替，图录从大正末期至昭和初期便迅速走向衰亡。对茶道具的沉溺，是因为品茗已经完全背离了文人雅正的宗旨，助长了投机的收集行为和人们对古玩的兴致，也可以说是被茶道具商的商业主义俘虏了。

唐物趣味的多样性

尽管如此，他们依然对中国舶来品情有独钟。明清两代那种相对自由、脱离了繁琐规章格式、潇洒而又洗练的文人趣味深深地吸引着他们。他们将茶道具作为实用之物，同时还想要深入审视其本身的美，内心深处开始萌生品鉴的指向。他们将山水画挂在和室，文人描绘的不染俗尘的桃源乡便尽现眼前。取一香炉，或为白玉，或为青瓷，焚香净身；取严肃浓烈的清代单色釉花器插花，以花映人，尽显文人雅致。明窗净几之上，装点有文房四宝等各种精致小器，供案头赏玩。另外，品茗会的观展席上开始大量展出明清书画、殷周古铜器，甚至还可欣赏到部分清朝官窑瓷器。从江户、明治再到大正时期，这些人是中国美术最强有力的信奉者和需求者，他们也即将成为最早一批中国正统美术鉴赏者。

的确，抹茶道对唐物也有一些特殊的格式规范，但这种唐物趣味终究无法从抹茶道的传统信条中自由脱身，它对茶道具的用途、器种、规格等方面依然有严格的限制。其中最为关键的是实用为本主义，终究要在实用中创造美，于实用中探求美。对他们来说，实用才是美，这一点与强烈蕴含着以鉴赏为指归的煎茶道大相径庭。此外，抹茶道尤为偏爱宋元的单色古陶瓷器和明末的染付和赤绘等。幽玄静谧的天目茶器、龙泉窑的青瓷等，留存着南宋之美的温润遗风，与先前提及的牧溪[1]画风也一脉相承。它们与庄严肃穆的北宋文物不同，似乎处处流淌着日式抒情的审美情趣。明末瓷器则反映出社会的动乱，洋溢着一种挣脱秩序的奔放感。茶人们有意打破对称，主要订制运笔飘逸的古青花瓷器等，其匠心和触感也间接反映出茶人的喜好和审美情趣。尤其是闲寂茶[2]，正是在这种边缘地带和日常杂器中发现了恬淡的实用之美。

从茶器到鉴赏

从书院茶[3]到利休闲寂茶，经过日本历代茶人的感性过滤和严格筛选，各种各样的唐物（尤其是茶器）逐渐沉淀下来。尽管它们样式各异，但基本都是民窑制作的。而且包含审美情趣在内，凡用途、器种不在其列者都被称为过时的"落伍分子"而遭到淘汰。

抹茶道的本质美与明朝繁盛期制作的沉稳官窑青花瓷以及因巧技过多而带有繁缛之嫌的清朝官窑等格格不入。而正是这些官窑，在中国形成了以端正、精致、严谨为本的正统主流美学谱系。中日间审美意识大相径庭，因此，即便是日本历代积累的中国文物，其实也是根据日本人对舶来品的审美筛选的、带有引号的"中国文物"。当茶人着眼于殷周古铜器及部分清朝官窑瓷器等中国正统美术时，虽然仍旧主要看重其作为煎茶道具的实

---

1 牧溪，俗姓李，生卒年不详，南宋禅僧画家，其生平画迹和作品在中国流传甚少，但在日本流传较多，是在日本评价最高的中国画师之一，被尊为"画圣"，对日本水墨画影响巨大，代表作《潇湘八景图》。

2 与追求豪华的书院茶相对，闲寂茶主张"和敬清寂"的朴素之美，始于村田珠光，完成于千利休。

3 书院茶是指室町时代（1336—1573），在书院式建筑中庄重地为客人点茶的茶会，席间装饰有各种中国器物和豪华的茶道具，讲究格式，注重排场。

用功能，但他们开始宣扬文人趣味，热切地指向煎茶所独具的鉴赏性，这一点与抹茶道在本质上水火不容。

　　从狭义上来讲，在充满浓郁中国趣味的煎茶道中，或从广义来讲对中国文物感兴趣的日本人，是如何接纳义和团运动时期外流文物的呢？该如何去证明这一点呢？我想首先聚焦煎茶，一边明确其分析指标，一边接近问题的中心。其次，将尽力搜集日本人在其他领域的接纳情况。这样的探索结果应该能够在一定程度上揭晓义和团运动时期文物流入日本的情况。

第二节　煎茶与中国趣味

史料《茗宴图录》

煎茶中包含着从江户到明治、大正时期的中国文物接纳史。应该如何界定其中哪些是义和团运动时期流失的文物呢？如果能够加以界定，那就必须对照在那之前流入日本的中国文物，明确二者的差异，并考察其意义。

首先，明治至大正时期发行的《茗宴图录》中所附图片似乎可以成为一个线索。当然，由于当时使用的是传统木版印刷，自然无法与当今精致的照片图录进行高精确度的辨别或比较。但是，我们仍然可以跨越这一界限，探索出时代变迁的大致倾向，如果再找到相关照片图录，则可以作为补充研究。

我们暂且以《茗宴图录》为参照，进而必须设定一个分析指标。笔者决定将该指标锁定为青铜器，理由如下。

评价指标——青铜器

首先，因为青铜器与玉器一样是中国最为古老且正统的文物，尊为重器。青铜器原本是殷代宗庙中的常用祭器，用来盛放祭祀鬼神的贡品，直至清朝依然沿用其造型，而且在其他工艺品领域也广泛应用。可以说青铜器从根本上规定了中国人的造型艺术。对中国人来说，青铜器正是美的源头，也是美的主流。

古往今来，历朝历代收集青铜器的脚步从未停止。尤其是宋代，宋徽宗曾大规模收集青铜器，至今仍能从《宣和博古图》中了解一二。此外，乾隆皇帝也藏有几千件青铜器，其成果集于《西清古鉴》。因此，可以说青铜器是中国最为典型、最为正统的文物，具备作为评价指标的最佳要素。

其二是因为日本煎茶也热衷于使用青铜器。通过有效地援引《茗宴图录》以及其他相关照片图录和当时的文献资料，在某种程度上我们能够解析义和团运动时期流出品以及青铜器在日本的被接纳过程。因此，笔者欲将青铜器作为度量的标准。

煎茶与青铜器——传入简史

首先让我们从江户末期的情况看起。例如《青湾茶会图录》[文久三年（1863）]中有"以盂作水壶，以卣为花器"的资料。不过，就算该图录为木版印刷，也大致可知它是后世仿品。

殷周样式的青铜器是在明治时期出现在日本的，大约始于《青湾茗宴图志》[明治九年（1876）]发行时期。据载，人们以鼎或方鼎作火炉，以卣或尊为花瓶，所有器具都具备中国青铜器的经典造型。这种倾向与义和团运动前夕的《清赏余录》[明治三十一年（1898）]一书中的内容类似，即人们用殷周样式的卣来插花。从以上例证可知，青铜器被用于茶会。

进入大正时期，日本茶会的观展席上开始大量陈列殷周样式青铜器，《角山簎篁翁荐事图录》[出版：大正十一年（1922）。荐事（即周年忌辰）：大正八年（1919）]为典型代表。这些展品为住友春翠收藏，即"泉屋博古馆"的主要藏品。关于这一点，将在后文深入探讨。此外，在茶会的茶席和观展席上使用青铜器数量最多的是大正末期的《昌隆社五十周年纪念茗宴图录》。这也说明大正以前就有大量青铜器流入日本并被人收藏。然而，由于《角山簎篁翁荐事图录》本身是木版印刷，因此所示展品的真伪还有待考证。但是，这些青铜器如今都是泉屋博古馆的主要藏品，综合考量便可以确定是真品。也就是说，这一时期流入日本的并非仿品而是真品。

如上所述,从江户末明治初开始青铜器用于茶会,但是由于记载的图录是木版印刷,真伪尚不明晰。进入大正时期,通过观展席的陈列可以看出大批青铜器流入并被收藏,其中确实包含真品。那么,这些青铜器究竟是从何时开始正式流入日本的?接下来我们将重点研究这个问题。

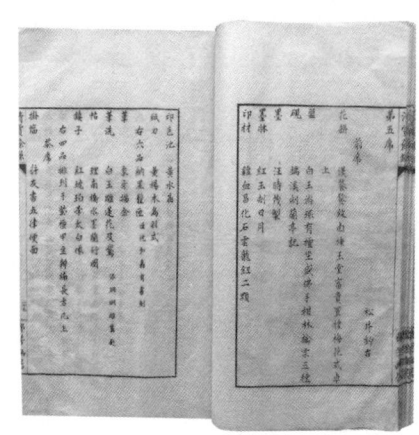

《清赏余录》[明治三十一年(1898)]中所载殷周样式青铜器明细(笔者藏)

住友收藏

最关键的线索就是前文提到的《角山簑篁翁荐事图录》,即住友藏品。只要能够明确该藏品的购入时期,就能大致把握其流入日本的经过。从结论来看,其购入时期竟格外清晰,借此便可追根溯源,掌握大正时期文物大规模流入的上限。但是,我们暂且将住友的购入记录搁置一旁,首先来看参与制作住友收藏图录并为其注释

《角山簑篁翁荐事图录》及其他(笔者藏)

的著名金工大师秦藏六[1]的重要证言。

住友作为古铜器收藏家,在我国无人能出其右,然而其大部分收藏是在八国联军侵华后。八国联军侵华时,清朝皇室秘库中的古铜器大量外流,鹤居堂藤田弥助先生立马抢先收购进口到日本,并劝说铜矿界巨头住友家一并买下。当时价格极低,两千日元就能买到如今价值两万日元左右的商品。因此,幸得住友家族将如此珍贵之名器带入日本,使得它们没有流离失所。(《古铜器的舶来》,《茶道月报》第217号)

换言之,秦藏六作为当事人证实了住友青铜器收藏是基于义和团运动时期流出的文物。虽然尚不能明确这些文物是从"清朝皇室秘库"流出的,但是可以认为这标志着前所未见的秘藏品已经流出,下章将做详细论证。总之,可以基本确定,住友收藏主要是义和团运动时期流出的文物。

接下来,为了证明其品质也较为优良,我们必须重新考证从明治九年(1876)的《青湾茗宴图志》至义和团事件前夕的《清赏余录》[明治三十一年(1898)]期间,散见于各茶席间的殷周样式青铜器的品质。请看下面的证言。

每当论及某人的古器收藏时,首先必谈夏商周三代之物,然而能流传至今的却极为罕见……

在中国本土尚且如此,更何况隔海相望的日本。因此,被日本视若稀世珍宝之古铜器多为室町时代(1336—1573)以后舶来的宋代仿品,想来也不足为怪。幕府末年,市河米庵曾在著作《米庵墨谈》中感叹道:隔海万里、相距千年的夏商周真器暂且不论,就连汉唐的真品也难得一见。如

---

1 秦藏六,金工世家。自江户末期起,代代以"藏六"之名继承传统金工技法,以模仿制作中国古铜器著名。初代秦藏六曾为明治天皇等制作玉玺。每一代秦藏六都是其所处时代的国宝级金工大师。

今两国往来频繁,其珍宝古玩也频频传入日本。除书籍文献外,就连前所未见之夏商周三代绝品最近也现身于日本达官贵人之茶宴上,能一睹其风采,岂不美哉!但因其数量极为稀少,连眼福都不得一饱,徒增艳美而已。不过,所幸吾近来偶得一只清国古壶,经仔细鉴定确为殷商古器。记录于此,望同仁批评指正。(板津七三郎,《商铜父辛尊彝》,出自《考古学杂志》二卷九号,明治四十五年)

从上述引文中我们了解到明治末年古铜器的收藏概况,有的颇值得玩味。比如近年来日本终于出现了夏商周三代真器,但数量稀少且难得一见。在"偶得一只清国古壶"这一天到来之前,情况不断发生着变化。这是否暗示着义和团事件之后至明治末年文物流入的加速呢?

青铜器的真与赝

该引文中还谈及过去古铜器的舶来状况,认为室町时代以后的舶来品为"宋代仿古铜器",而且引用市河米庵所言"别说夏商周三代",就连汉唐的真品都一物难求,可见江户幕府末年的情形。这恐怕是大家普遍的认识。

在这种情况下,极其例外的是被广为确定的两套真品"御物三铜器"和"西大寺之卣"。关于这一点,前文提到的秦藏六有如下表述:

御物三铜器即盉、敦、匜,是钱屋长左卫门在堺市购得。……明治四年(1871)由山内容堂公敬献于天皇。

另外,他还提到西大寺之卣:

西大寺有名的卣是江户幕府文化时期（1804—1817）或文政时期（1818—1830）寄宿于此的旅客的。他身患疾病，受到住持的悉心照顾，便以卣代替药费交与住持，并说器物非常珍贵，日后有钱了一定要赎回来，等等，家父当时在西大寺大致听说了这些事情。

由此可知，"御物三铜器"和"西大寺之卣"作为传到日本为数不多的真品，名声斐然。事实上，在日本举办的首次古铜器展"帝室博物馆古铜器展览会"[明治三十六年（1903）]上，"御物三铜器"曾与住友藏品一同展出。《国华》第163号（明治三十六年十二月）上登载了对它的评论：

本期刊登之御物三铜器麟盉、敌敦、饕餮匜，据说曾是山内容堂侯所藏珍品，明治初年进贡到朝廷。每当人们谈及古铜器，定会谈及此三件器物，此三件稀世珍宝可谓无人不知。

由此可知三件器物的名声极为显赫，地位不可撼动。

但是，近年发行的《御物》（皇室至宝13）中只收录了其中一件，并附有学者的解说。在解说第133号"儿觥"（相当于先秦时代的"匜"）时，虽然明确写道"台账上写有'明治八年山内丰范献上 山内容堂旧藏品'的字样"，却又言道：

该器物精美地复制了殷末周初的儿觥造型，铸造工艺也堪称完美。——应该是清朝仿品。

最终断定该物为"清代"之作。

不仅如此，"被认为是西大寺献纳"的第163号卣，无疑就是秦藏六所说的"西大寺之卣"，专家也认定是"应该是殷末铜卣的仿古复制品"。这样一来，就连曾经被认为是传入日本为数不多的真品中的珍品，经现代学者鉴定也是后世仿品。这究竟意味着什么？这可以说明从明治中期至后期，就连被确定为高级别的御物中竟然也混杂着赝品，也就是说，传入日本的文物不但少，而且难以鉴定，获得真品极其困难。也就是说，明治九年（1876）至义和团事件前夕散见于《茗宴图录》的殷周样式的青铜器，其本身只有木版图录，而且考虑到真品极难获得这一状况，马上让我们怀疑起其真伪性来。虽然无法断言，但是基本可以推测，旧的是宋代仿品，新的是清代仿品。

赝品无处不在

在此再增加一例加以说明。该研究者在解释第134号藏品"爵"（古铜饕餮纹）时写道"台账中有'清国馈赠'字样，说明该文物应该是在明治某时期清王朝向日本皇室赠送的物品。这三件爵也被他断定为"应该是清朝制作的仿古铜器"。

由此，几乎可以一网打尽，全是赝品。就连前文提及的乾隆帝大规模藏品，以今天的技术鉴定，《西清古鉴》中所载藏品的1/3都是后世仿品，由此可见，当时古铜器的鉴定是何其困难。所以，我们应该更加慎重地考量义和团运动时期之前流入日本的殷周样式古青铜器的真伪，至少需要考虑其为后世仿品的可能性。正因如此，住友收藏的意义更加突显，因为它的购入时期已经确认，也有当事人证明它是义和团运动时期的流出品，而且明治后期还出现了多册照片图录而非木制版，加之实物原封未动现存于世。即使以当今的研究水准来鉴定，也从未听说义和团运动时期的流入品有赝品的问题。这不仅是因为住友收藏有大量的文化背景作支撑，而且他们一贯以卓越的藏品和高质量收藏为世人敬仰。

通过住友收藏，几乎可以证明义和团事件以后开始大规模流入日本的青铜器在质与量上均与之前完全不同,这正是住友收藏对本研究的最大价值所在。因此,分析住友收藏的形成过程及藏品内容在本书整体构成中具有极为重要的意义,这也正是笔者必须另起章节详加论证的理由。

第三节　王朝的象征——秘籍《永乐大典》

《万朝报》的曝光

虽然日军自诩"秋毫未犯",但是明治三十四年(1901)十二月一日《万朝报》[1]刊登的一则题为《八国联军侵华之怪闻》的报道,将其掠夺行径公布于众。该报持续连载,笔锋犀利地曝光了日军的掠夺行为。事态最终发展为政治问题,次年2月处于舆论漩涡中的山口师团长及下属官兵住宅遭到搜查,但真相也未查明,最终不了了之。

明治三十五年(1902)一月三日的报道(连载34)中,绘声绘色地描述了日本国内处理掠夺品的详情,并揭露出东京神田区关口町建筑承包商有马组的头目森某与山口师团长交往甚密。八国联军侵华时,森某以承包土木工程为名两次跨洋赴清,当时卖掉掠夺品,获暴利数万日元。报道中发出如下感慨:

丑团长及下属掠夺之金银块、马蹄银、金属器、宝玉、丝绸锦缎及其他贵重品价值数十万日元,彼等谎称为自己之商品,巧妙地带过太沽海关,瞒过日本海关,多次运往东京总店,或秘送至委托人家里,或卖给求购者。

山口一伙贪得无厌,极力敛财,在东京简直如同举办展览会一般卖掉大半掠夺品,换钱无数,这些事情众人皆知。剩余小件贵重品则托付中村某某,卖给外国人。

---

[1]《万朝报》于明治二十五年(1892)由黑岩泪香在东京创刊,起初只登载一些社会新闻和改编小说。内村鉴三、幸德秋水等人加入后,开始针砭时弊,特别是日俄战争开战前,该报主张非战论。创刊3年后的1895年,发行量超过东京《朝日新闻》,冠绝一时。

文中非常详细地描述了山口一伙将价值高达数十万日元的掠夺品带入日本的手法，以及在东京通过展销会方式售卖的手段。具体文物品类也和前文讨论过的义和团运动时期掠夺品相符，因此该报道的可信度极高。这也表明存在军队与部分商人勾结在日本国内处理掠夺品的渠道。

『万朝報』「北清分捕の怪聞」記事（明治34年12月1日）

《万朝报》上刊登的报道《北清分捕之怪闻（即：八国联军侵华之怪闻）》（1901年12月1日）

宝钟被日军带走

除了通过商人变卖掠夺品换钱的渠道，还存在日军将珍贵文物原封不动带回国内的情况。例如，某炮兵大佐在北京安定门外的地坛驻扎时发现一口宝钟，将其占为己有，此钟直径约一尺二三寸，高约一尺五六寸，敲击时会发出妙不可言的响声。这口宝钟黄金占四成，铜占六成。后来经历了各种事情，最后发现"在广岛的第五师团"[《万朝报》连载12（明治三十四年十二月十二日）]。

但是，对此也有不同看法。

北京城内的天坛放置有 11 座宝钟，其中两座被英国官兵掠走，余下 9 座被当作纪念带回国内，分散在各地……

此外，还有一种看法。

现安放于广岛旧大本营当作纪念。［出自《中国新闻》[1] 中对《八国联军掠夺问题的内容》（明治三十五年二月二日）补充说明的投稿《陆海山入》］

关于宝钟是在地坛还是天坛，以及宝钟数量和放置地点等方面均有异议，但是，在将北京的坛庙祭祀用品带回国内，并安放在广岛的军事机构这一点却完全相同。也就是说，此事可作为中国文物由军队直接带回日本的有力证明。

威严受损

包括各种投稿在内，《万朝报》大量曝光了军人个人行为的掠夺、变卖、将宝物带入日本等事例，简直不胜枚举。不过，这些事例最终隐约透露出山口师团长等人与当局政府首脑及陆军背后的长州派军阀之间错综复杂的关系。事件本身被敷衍过去，不了了之，但在此过程中军队的威信的确严重受损。《万朝报》记者幸德秋水[2] 等人犀利的笔锋无疑在桂太郎和山

---

1 此处的"中国"是指日本的中国地区，一个大区域概念，位于日本本州岛西部，由鸟取县、岛根县、冈山县、广岛县和山口县 5 县组成。《中国新闻》由中国新闻社 1892 年创刊，总部位于广岛县广岛市。
2 幸德秋水（1871—1911），日本社会主义活动家、思想家、记者、无政府主义者。早年接触自由民权运动，一生追求平等的社会，积极参加反战活动。在大逆事件中被处以死刑。

县有朋等人的心中留下了深深的阴影，这件事不久后便诱发了大逆事件[1]，酿成幸德秋水的悲剧人生。这是义和团事件给日本近代史带来的另一场出乎意料的浩劫，关于此事暂不做深究，本文只确认军队将包含古董品在内的掠夺品直接或间接带回日本的情况。下面以市村瓒次郎为例，进一步详细论证本节重点《永乐大典》流入日本的情况。

被掠夺的秘库宝物

东京帝国大学（今东京大学）副教授市村于1901年6月至8月被政府派到中国出差，在北京停留约1个月。其间，他在北京各地调查汉籍文献史料，特别是他获得紫禁城入城许可，能够对文渊阁藏《四库全书》以及内阁大库藏公文档案调查一事格外重要。当时他将"由某军队把持的书籍约200余部、3000多册"带回日本（《史学杂志》12-10，《总会例会》）。以下是他本人的记述。

此次带回日本之书籍有200余部，约3000册，其中不乏首次传入日本之珍贵书籍，但多为文学类书籍，史学类甚少。在此无法一一介绍，但可以介绍部分史料及具有参考价值的书籍。

如《崔东壁遗书》《蛾术编》《后汉书补逸》《汉书注补》《后汉书注补正》《三国志证遗》《三国会要》《同证闻》《五代史记注》《五代史补》《五代春秋》《五代史纂误续补》《历代三表》《金佗粹编》《东林列传》《国朝柔远记》《满洲四礼集》《盛京典制备考》《吉林别记》《泉布统志》《永乐大典目录》《陈少阳集》《武溪集》《澹庵集》《梁豁集》《戚继光集》《毛伯温全

---

[1] 又称幸德事件，1910年明治政府以策划暗杀明治天皇罪为名，逮捕大批日本社会主义活动家和无政府主义者，24人被判处死刑，其中幸德秋水等12人于次年被执行死刑，其余12人减为无期徒刑。

集》《李文襄奏议》《李素毅伯奏议》《国朝碑传集》《历代沿革险要图》等非常重要的资料。

《李肃毅伯奏议》13册是与李鸿章会面时获赠的。(《史学杂志》12-12,《史学谈话会记事》)

以上书籍是被军队掠夺后由市村带回日本的一小部分而已。市村此次出访活动是日本东洋史学成立期一次开拓性的文献史籍调查活动,而且由学者将书籍一次性大量带回日本,这一点也意义非凡。顺便补充一点,东京帝国大学文学部进行学科调整时开设东洋史学研究专业课程正是在1904年,两名专任教师中的一位便是市村,这些都与之前的调查活动不无关系。当然,如果没有义和团事件及八国联军占领北京,这一切都无从谈起。

秘籍《永乐大典》流入日本

上文已经涉及《永乐大典》的梗概,接下来主要考察《永乐大典》流入日本的经过。

《永乐大典》原本有两万余卷、11000多册,据说到了清末副本残部已锐减至800册,而且又惨遭翰林院纵火,除了被烧毁的部分外,还有相当一部分在混乱中散佚。其中有的流落民间,有的后来几经波折流失到海外。目前包括中国在内,世界上残存800卷,400册左右。1960年出版的《永乐大典》(中华书局)中收录了其中的732卷。此后的1986版大幅补充前著,收录了797卷,成为目前相对完整的影印本。

据岩井大慧的详细调查〔《永乐大典现存卷目表》(新订)、《岩井博士古稀纪念典籍论集》开明堂,昭和三十八年(1963)〕,查明日本共存110卷,59册,分藏于10处(含个人收藏4处)。下文将基于这一调查成果,以《永乐大典》战前传入日本的经过为中心，追溯其流传的宗谱。随着流入的历史背景及秘闻逐渐清晰，义和团事件激起的深层余波也将浮出水面。

下面首先列出岩井调查的卷目表（含补记）中《永乐大典》的藏书机构（含个人）和所藏数量。

东洋文库 34 册　　　静嘉堂文库 9 册
天理大学图书馆 7 册　　京都大学 3 册
大阪府立图书馆 1 册　　国立国会图书馆 1 册
武田长兵卫 1 册　　　石黑传六 1 册
小川广己 1 册　　　　古屋幸太郎 1 册

亲历者证言

接下来进入正题。首先从重新考察翰林院纵火一事开始探讨。但凡提及此事，人们都会引用服部宇之吉[1]的回忆录（《北京笼城回顾录 14 翰林院之火》）。据该书记载，日本义勇军与英国水兵一起冲入翰林院灭火。服部发现《永乐大典》后认为"至少要在世间留下几册样本"，便不顾个人安危"拿走三册"，返回英国公使馆，将书寄存于公使馆的一位日本妇人手中。之后服部又带领当时文部省留学生狩野直喜、《东京日日新闻》特派员古城贞吉等人重返翰林院，还通知了"莫里循博士"。据说"他们各自带出若干本《永乐大典》"。次日，枪原传达了英国公使的旨意：数日后将翰林院的书籍统一归还给清政府，所有人必须将带走的书籍全部交出（上

1　服部宇之吉（1867—1939），日本近代中国哲学研究的开拓者，曾历任东京帝国大学教授、哈佛大学教授、东方文化学院院长等。以 1898 年清政府创办京师大学堂为契机，他于 1899 年来到北京，1900 年回国，1902 年再赴北京，前后 7 年居住于北京。

交）。"因此，我们老老实实交了出去。"服部回忆道。

肃亲王府残垣前，与义和团作战的全体日本水兵和义勇兵合影（部分伤员除外）。前数第二排右二为服部宇之吉，同排右六为西德二郎，同排右七为柴五郎

然而，据说两年后即明治三十五年（1902），服部受清政府邀请再赴北京，拜访翰林院时发现"《永乐大典》仅存200余本"，而且自己当时交出的那部分"并不在现存的200余本中"。也就是说，英国公使并未将服部交出的那部分书籍还给清政府。

深入性证言

古城贞吉也曾写过回忆录（《八国联军侵华与永乐大典》，明治三十四年六月，《东京日日新闻》）。虽与服部的回忆有微妙差异，但是关于英国公使失信这一点两人是一致的。他回忆道："我觉得至少要留一点作为纪念，于是顺手将两册《永乐大典》带回了英国公使馆。但是之前放在英国公使馆的两册也全都不知去向,至今想来仍觉得痛惜不已!"也就是说,《永乐大典》由当时在现场的日本当事人带到日本的可能性几乎为零。但是,毫无疑问,日本现存大约60册《永乐大典》,那么义和团事件后,是谁、何时、如何将其带到日本的呢?与此相关的史实,似乎从未被正式研究或关注过。

将二十册《永乐大典》带入日本之人

下面将介绍前文提及的流入经过中最重要的资料——田中庆太郎[1]的回忆录。他是书肆文求堂的老板,因战前将大量汉籍与书法字帖带入日本而为人熟知。以下引自战前收录的《唐本[2]商的变迁·14永乐大典篇》(出自《纸鱼昔话 明治大正篇》,八木书店)。

《永乐大典》在义和团事件后流于市井。为什么会流出宫外呢?原因是当时附近居民认为反正这些书也难逃烧毁的命运,莫不如带回家藏起来。数年后,它们又渐渐现身于世。先前提及的罗叔言到访京都时,的确好像在董授经斡旋下进口了10册左右,当时被各图书馆购入一册作为样书,一册150日元,不必说它们均为抄本。我去北京时也经常购买,震灾(1923年)前后共购入20多册。其中卖给美国国会图书馆五六册,约15册分3次卖给了东洋文库。因东洋文库还有莫里循旧藏的几册,所以估计

---

1 田中庆太郎(1880—1951),出生于京都,家族数代经营书店。1899年东京外国语学校(今东京外国语大学)汉语系毕业后继承家业。1900年后数次赴华,从中国带回大量书画、古董、砚墨等,并于1901年将店铺迁至东京,主营中国古籍,名震一时。郭沫若流亡日本期间受到庆太郎的帮助,他所著14部著作中,9部由庆太郎的文求堂出版。

2 "唐本"指中华民国成立之前在中国出版发行、出口到日本的所有书籍的总称,多为木版印刷的古书籍。

那里应该有20余册。近来市面未见卖品，但相对而言价格并不高，如今1册大约五六百日元。——在日本，东洋文库收藏册数首屈一指，其他几处各零星藏有一二册。

亲自带回日本20册左右，这是该界泰斗田中氏的证言。这一数字就相当于现存数量的1/3，他对《永乐大典》的流入经过及市场行情也颇为了解。下面将通过其他资料来探讨这份证言。

流入日本的轨迹

首先，让我们来看经董授经（董康）之手传入的部分。对此，有内藤湖南[1]的大量证言，其中的《宪台通纪考证》大意如下。数年前，现任大理院院长董康暂居京都吉田山时，从北京书肆购回十六七册《永乐大典》，分给我们京都帝国大学（现京都大学）、其他大型图书馆和一些对此感兴趣的朋友。后来，东京文求堂也从北京得到几本，最后都由富冈谦藏收藏。内藤本人也从董康处分得1册（卷二六〇八、二六〇九，1册）。在前文岩井调查的时间点上，内藤持有的旧藏本已由武田长兵卫收藏。

而且，内藤湖南曾在山本悌次郎的旧藏本（卷二七三七、二七三八，1册）上落款（所附日期是大正三年一月二十四日），上面明确标注该藏本是董授经带回国的其中一册。这一册后来经古屋幸太郎之手于昭和四十年（1965）七月成为天理大学图书馆藏书（不过，岩井出具的列表中漏记了该册，后在"补记"中补充）。据此，天理大学图书馆所藏书目又增加1册，

---

1 内藤湖南（1866—1934），名虎次郎，号湖南，大学毕业后任职于《大阪朝日新闻》《万朝报》等。在中国史研究领域卓有建树，被誉为"东洋史巨擘"。曾6次访问中国，与罗振玉、王国维等清末学者有深交，是日本中国学京都学派创始人之一。

达到 8 册。

不仅如此,《朝日新闻》社长上野精一的旧藏本（卷六六五、六六六，1 册）上也有内藤的落款（日期是大正二年九月十七日）。据此我们可以判断，董康大约大正元年（1912）来到日本，且带入《永乐大典》17 册。该旧藏本后来被上野精一赠予京都大学，藏于京都大学人文科学研究所。

购买者是谁

通过以上分析我们可以确定，董授经于义和团事件 10 余年后、辛亥革命爆发不久的大正元年（1912）携 17 册《永乐大典》来日，其中 4 册属于内藤、山本、上野及京都大学图书馆。另外，目前大阪府立图书馆（卷八六四七、八六四八）和国立国会图书馆（旧上野图书馆，卷二二七九、二二八〇、二二八一）也各藏 1 册。其中，藏于国会图书馆的《永乐大典》上有"大正二年三月二十六日购入"的签收章。另有查阅结果显示，藏于大阪府立图书馆的一册登记日为"大正二年十月二十九日"，估价"200 日元"。从购入时期来看，内藤所说的"其他大图书馆"和田中所说的"各图书馆"正是这两座图书馆，无论哪一册都应该是董授经带来的图书。另外，通过大阪府立图书馆的资料判明了当时该书的估价，这一信息也十分珍贵，这足以证实田中证言中的"1 册 150 日元左右"。

前文《宪台通纪考证》中提到，文求堂的舶入本由富冈谦藏所藏。再次确证的话，还有 3 册（卷二三九八、二三九九／卷七三〇三、七三〇四／卷一四六二八、一四六二九）全部藏于天理图书馆。

下面对东洋文库所藏部分进行探讨。目前东洋文库藏 34 册，其数量堪称世界级。据田中证言，从义和团事件起至关东大地震前后即大正十二年（1923）前后的 20 余年间，该文库分 3 次总共收藏 15 册左右。从先前的验证和石田干之助[注1]的回忆来看，这一数字可信度颇高。

新发现

此处笔者想重点深究一下"东洋文库也曾购得莫里循旧藏"这一传闻。有人指出其购得数约五六册[注2]，前面服部的回忆中也提到莫里循确实带出了《永乐大典》。不过之后的记述中并没有明确说明他是否诚实地将它们交给英国公使馆。即使上交了，因同为英国人，其处理方式也可能有别于日本。总之，这只是猜测而已。莫里循正是义和团围攻八国联军使馆时的亲历者之一，若东洋文库包含他的所藏，此事则非同小可。因此笔者决定查找所有东洋文库的收藏。

结果出人意料。两册（卷一一五九八、一一五九九／卷一一六〇二、一一六〇三）《永乐大典》的封面上都有"Morison"流畅的铅笔签名。此外，还有一册的封面内侧写着一些并非签名的英文（卷五二六八）。

东洋文库的收藏经纬

我认为由此便证实了文求堂的证言，但是签名的真实性有待进一步考证。所幸莫里循在大正六年（1917）八月二十九日，转让如今代表东洋文库的经典收藏"莫里循文库"时曾摄影留念，并留有亲笔签名和留言，字体和签名均与《永乐大典》上的基本一致，所以，这3册极有可能就是莫里循旧藏品。这几册是他在翰林院起火时窃取的，还是后来购买的，我们不得而知。但是，从服部等人的回忆来看，混乱中一个人能带出的数量只有数册而已。看到实物大家便可一目了然，不愧是帝王之书，是恢宏巨制的大开本，不便于携带。或许它们是莫里循从火中捡到的吗？不管怎样，可以说田中的证言在莫里循这件事上也得到了证实。

另外，东洋文库的收藏中有6册明确记载了接收年月日。如下所示。

卷八四九、八五〇、八五一
昭和九年（1934）5月25日
卷一〇五六
昭和十四年（1939）4月24日
卷一一八八
昭和十五年（1940）6月25日
卷一一九二
昭和十四年（1939）4月24日
卷一二〇〇
昭和十四年（1939）4月24日
卷二二五四、二二五五
昭和十四年（1939）6月24日

即昭和九年（1934）接收1册，十四年（1939）4册，十五年（1940）1册。从文求堂购入后又过了十余载，从义和团事件之后又过了三四十年，《永乐大典》历经漫长的岁月，几经波澜来到日本，积累下来。亲身经历这些事件的岩井先生，也有证言叹其不易。（出处同前文）

记得好像是在昭和八九年前后，东洋文库委托中国各地书肆，如发现《永乐大典》在售，务请第一时间告知。这一举措终有所获，有若干卷新入库。

或许前文提及的就是这些。综上所述，东洋文库所藏34册中，至少包含莫里循3册、文求堂15册、新购入6册，共计24册左右的购入地点、时间、背景等信息都得到了证实。

另外，仅次于东洋文库收藏的静嘉堂文库，藏有9册，负责该文库汉籍收集的长泽规矩也曾有回忆录（原载《大安》12-1，昭和四十一年（1966）一月，后收录于《长泽规矩也著作集》第六卷中的《收书遍历之九》一文），书中关于昭和三年（1928）的购书情况介绍如下。

收录书籍里包括诸桥博士从个人手中购入的有关袁世凯的书籍，共14册1000元，以及《永乐大典》残本4册共1300元。

也就是说，静嘉堂文库曾在昭和三年（1928）购入4册《永乐大典》。关于这一点，我与该文库核对后未能明确收入时间，因此不能直接证明长泽回忆的真实性。但是，"昭和三年十二月末"罗列该文库"现存所有汉籍"的《静嘉堂文库汉籍分类目录》中，7册《永乐大典》（除1册影印本）赫然在目。由此可知，该文库在昭和三年（1928）年末之前就已收录7册，其他2册（卷二二五六/卷三五八二、三五八三）应该是之后收入的。这7册中的4册极有可能就是长泽所说购于昭和三年（1928）的几册。

总观《永乐大典》流入日本的过程可知，加上文求堂即富冈谦藏3册、董授经6册，共计27册的流转经历已十分清晰，这一数字超过总数59册的六成，可以说，与住友青铜器比肩的秘籍《永乐大典》是义和团运动时期流出的清朝文物的代表。

另外，昭和十七年（1942）京都大学图书馆获赠的谷村一太郎藏品中也含有1册（卷一二九二九、一二九三〇），其流入经纬不明，附记于此。

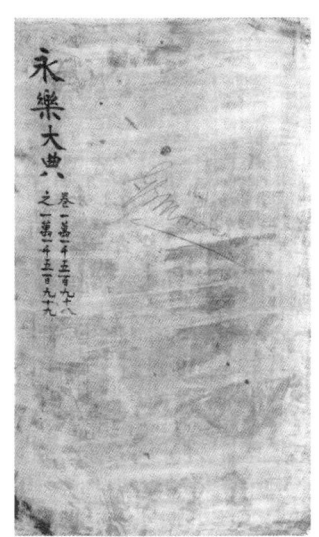

含 "Morison" 签名以及含莫里循手写英文的《永乐大典》（财团法人东洋文库藏）

"莫里循文库转让日"［大正六年（1917）八月二十九日］。地点为北京莫里循府邸。上端可见 "Morison" 签名（财团法人东洋文库藏）

第四节　政商大仓喜八郎

以义和团事件为契机

最后来讨论一位政商，他就是因开设日本首家私人博物馆"大仓集古馆"而闻名的大仓喜八郎[1]。"大仓组"之名散见于前文提到的《万朝报》中，据此可知，大仓似乎也以某种形式参与了军队售卖文物一事。但是，这一反面动向，现在我们或许可以理解为它表明大仓和义和团事件之间有某种联系。正如喜八郎所言，他收集中国文物的重要契机正是义和团运动时期的文物外流。笔者此处想要探讨的是，这些文物是如何流入大正初期开设的"大仓集古馆"内的。为慎重起见，下面先举出喜八郎本人的证言。

此后又逾数载，明治三十三年（1900），中国爆发了义和团事件……混乱之中，中国之珍贵文物流入外国人之手，并且大量被带到海外。据闻，当时停靠在长崎港之外国船只满载中国美术品，到处兜售。因此，为了中国，也为了东方，我将它们全部买下来加以保护收藏。这是我第三次收集美术品。（《大仓鹤彦翁》第一章）

藏品内容

大仓集古馆于大正六年（1917）开馆后，遭遇了大正十二年（1923

---

[1] 大仓喜八郎（1837—1928），号鹤彦，日本实业家。从小喜读四书五经，受王阳明"知行合一"思想影响较大。甲午战争和日俄战争期间，与政界密切联系，是明治政府的御用商人，1893年设大仓组。曾在日本与中国东北等地创办过200多家企业，但"二战"后，在华企业尽失，大仓财阀走向没落。喜八郎晚年热衷于公共事业与教育事业，创办了大仓商业学校（今东京经济大学）。

关东大地震，不幸损失大量藏品，昭和三年（1928）重新修建后延续至今。在此，我想首先阐明开馆时集古馆的收藏状况，其次从中推测义和团运动时期的文物流入实情。

详见开馆期间藏品一览表（表4-1）注3。

借由此表来看当时藏品的构成。首先可以看到有刻在龟甲上的甲骨文资料、圹砖、瓦当、封泥等考古学资料。此外，还有发现不久的敦煌经典24卷。另外，还有清玉56件、明清螺钿、元至清朝的剔红等美术工艺品，以及从六朝至唐代的石佛、大部分是清朝时期的金佛二百四五十件，另有道教雕像130件，再加上周、汉时期30余件铜器，合计94件古铜器。

大仓喜八郎（照片由大仓集古馆提供）

接下来看一下大仓集古馆中陶瓷器的情况（表4-2）。主要是以单色釉为主体的清代瓷器38件，还有以花瓶、香炉等茶道具为主的明代青瓷，以及众多唐代陶俑，还包括刻有铭文的陶片以及出土古陶器。诚然，这些明清两代的瓷器类都是传世品，而且这些明青瓷中也包含日本传世品。但是，在此我们应该关注大仓连这些铭文陶片都注意收集的史料意识，以及他们对于收集大正六七年出土的一百多件陶俑的鉴赏态度。这一收藏量本身在当时就出类拔萃。

由此我们了解到，集古馆的收藏品不仅限于造像、古铜器、美术工艺品和陶瓷器，还包含当时最新的考古资料。仅是概览收藏品的构成便可以立刻明白，集古馆中国文物收藏的基本倾向是文物的鉴赏性兼具部分史料性。这正如当时茶道虽然逐渐复兴，但喜八郎却有意识地与之保持距离的态度。这正是以开启鉴赏美术的殿堂为出发点的收藏。这些鉴赏美术品中当然也包含有义和团运动时期的外流文物，下节将详细论证。

表4-1 大仓集古馆收藏中国文物分类表

分类	展示区域（部分含数量）	文物数量（部分含明细）
龟版（龟甲版、兽骨片）	第2区 中国古美术品 32件 第37区 中国龟版封泥及钱范 5件	37件
经碑	第39区 中国经碑残块	5块（均为六朝时期）
封泥	第37区 中国龟版封泥及钱范	15件（均为汉代）
钱范	第37区 中国龟版封泥及钱范	6件（三国5件，汉1件）
圹砖	第2区 中国古美术品 10件 第33区 中国陶俑 10件 第35区 中国砖 278件	第35区明细：（周秦3件，秦1件，汉179件，三国9件，晋66件，六朝16件，宋辽4件）。3区总计298件
瓦当	第36区 日本、中国、朝鲜瓦当	52件（汉45件，唐1件，清6件）
经文典籍	第12区 各国佛教经文	敦煌文书24卷
珐琅器	第14区 日本、中国珐琅器	10件（明3件，清7件）
玉石	第14区 中国玉石器	56件（均为清代）
螺钿	第16区 中国、朝鲜螺钿器	26件（明14件，清12件）
墓志石	第30区 中国墓志石	7件（唐5件，六朝2件）
剔红	第34区 中国、日本剔红器及中国剔黄、剔黑器	138件（元3件，明85件，清50件）。类别（红花绿叶、剔黄、剔黑各2件，剔彩1件，剔红130余件）

续表

分类	展示区域（部分含数量）	文物数量（部分含明细）
铜器	第17区 日本、中国近代铜器 第20区 中国铜器 第28区 日本、中国大香炉 第29区 中国古铜器 第2区 中国古美术品	24件（明9件，清15件）； 5件（汉2件，明1件，清2件）； 6件（均为清代）； 51件（周15件，汉15件，三国1件，六朝5件，唐2件，宋5件，元1件，明7件）； 8件（162个） 5区总计94件
造像	【石佛】 第2区 中国古美术品 第40区 中国石雕佛像 【金佛】 第6区 中国佛教雕像 第1区 【道教】 第11区 中国道教雕像	3尊（六朝2尊，唐?1尊）； 27尊（六朝6尊，唐20尊，宋1尊） ［石佛总计30尊］ 218尊（含木像1尊） （六朝7尊，南宋（元）1尊，清210尊） 26尊（含金佛21尊，均为清代） ［金佛总计244尊］ 130尊（均为清代）

表4-2 大仓集古馆收藏中国古陶瓷器分类表

分类（兼展示区域）	文物数量
第13区 中国陶瓷	46件［宋3件，明5件（青花4件），清38件（单色釉31件，五彩3件，青花1件，其他3件）］

续表

分类（兼展示区域）	文物数量
地15区 中国青瓷	59件［明58件（花瓶15件，香炉11件，盘11件，碟5件，夜学4件等），清1件］
第33区 中国陶俑	128件（汉俑1件，唐俑105件，动物21件，器物1件） ★砖包含于圹砖内
第38区 中国古陶器碎片	72件（周60件，汉12件） ★上面全部记有铭文
第41区 中国内地出土古陶器	25件［周10件（豆2件，壶4件等），汉4件（壶、小壶等），唐8件（三彩壶、白釉壶等），清3件］

收藏品的来源

甲骨文首次被发现是在1898至1899年前后，从时间上来看，集古馆中的甲骨资料存于义和团运动时期流出的可能性。而敦煌文书在1907年前后才开始大量流出，因此，集古馆中的敦煌文书是义和团运动时期流出的可能性为零。螺钿和剔红反而一直在日本流传更多，因此无法断言。由于当时北京的古董集市上清玉也是主要贩卖品，所以集古馆中的清玉是义和团运动时期流出品的可能性极高。

这里需要特别值得关注的是，收藏品中清朝时期的金佛和道教雕像数量众多。义和团运动时期很多寺庙和陵墓也遭到掠夺，比如仅嵩祝寺一寺，光是大小金铜佛就被抢走三千余尊，数量完全超过了大仓收藏。因此，这些文物极有可能是在义和团运动时期流出的。

古铜器也同样，是义和团运动时期流出的可能性极高。陶瓷器中，部分清代瓷器有可能是义和团运动时期的流出品，但唐三彩开始流通是在

1907年前后，因此集古馆中的陶俑不可能是义和团运动时期的流出品。也就是说，玉、金铜制佛、道教像和古铜器等有可能是义和团运动时期的流出文物。当然，这只是推测而已。重要的是，集古馆在大正初期就展现出如此彻底的鉴赏美术倾向。义和团运动时期的流出文物正是大仓收藏的起点，成为本馆的核心。

审美意识的变化

大仓收藏品与之前煎茶中强烈的中国趣味以及对艺术鉴赏的指向性相比，又有何不同呢？煎茶确实彻底浸润了文人的唐物趣味，但在茶器种类和规格等方面仍有制约。陶瓷器限定在传世瓷、实用瓷和民窑瓷（有一部分官窑瓷）的范围内，当然它们始终以供煎茶使用为目的。这些文物自然以和式客厅和壁龛当作展示空间，受其制约，或以此为前提形成了日本人的审美意识，根据这种审美意识对中国文物进行选择和接纳。与抹茶相比，煎茶确实大幅度扩大了日本对中国文物的接纳范围，增强了鉴赏倾向。即便如此，明治末年以后中国出土的明器、陶俑类文物以及考古学遗物等依然超出了煎茶可接受的范围。

也就是说，日本近代中国鉴赏美术是进一步超越了具有强烈鉴赏性的煎茶唐物文人趣味，脱离了作为茶道具的"实用"目的，摆脱了"鉴赏"的范围与制约，使鉴赏者纯粹地直面美的对象时形成的。

义和团运动时期流出的文物，一部分被西部的住友收藏，一部分被东部的大仓集古馆收藏。前者给煎茶的唐物趣味带来开创新局面的素材（殷周青铜器），后者是日本的中国鉴赏美术先驱，二者各自扮演着重要的角色，这一点将在后文详述。

注

注1：石田干之助在《任保护文化遗产审议会专家委员时二三事》（月刊《文化遗产》1/1972）一文中写道："关于《永乐大典》，我记得当时有10册进入北京市场，文求堂老板将其全部购得后带回东京。其中半数是元代失传的《经世大典》中关于古代驿站的散佚文书，这部分大多保存完好。……我求岩崎先生帮忙向东洋文库购买，他当场爽快答应了……"。虽然购买日期尚不明确，但据石田先生回忆，文求堂带回日本的《永乐大典》中关于"站"的部分确实全部被东洋文库收藏（从卷一九四一六到卷一九四二六，共5册）。

注2：小田切万寿之助（原文引用者注）在正金银行（今东京银行）任中国分店总监时居住在北京，已故莫里循夫人提出让他买走五六册其夫的遗物《永乐大典》时曾说"现在的《永乐大典》可不是大家随便能评论贵贱的时候了"，最终全部卖给了东洋文库。据此可知，莫里循旧藏《永乐大典》在他去世（1920年）后又由其夫人卖给了东洋文库。

注3：资料来源为《大仓集古馆陈列品目录》及《大仓集古馆概要》。前者是大正七年（1918）发行的集古馆开馆时介绍三千多件陈列品详细信息的目录。后者是大正九年（1920）发行的介绍该馆设施和主要展品的说明，并且记录了从开馆至1920年收藏品增加的部分。

第五章　稀世青铜器收藏

住友春翠

第一节　住友泉屋博古馆秘史

住友吉左卫门

前文考察了住友春翠古青铜器收藏的基本意义，本章将探索其形成过程，详细分析其具体内容，并考察人们对它的反响和评价，以此来探明住友收藏的历史意义及其涤荡出的文化影响。

首先来了解一下住友春翠或吉左卫门。他元治元年（1864）生于京都，是右大臣德大寺公纯的第六子，西园寺公望是其兄长。明治二十五年（1892），29岁的他作为养子入籍住友家，次年承袭第15代吉左卫门，春翠是他的号。自明治三十年（1897）起，他开始收集古铜器，这不仅与他的家业造铜业密切相关，也是他收集煎茶道具爱好的一环。后来，尽管他在大正初期意外转向抹茶道，但古铜器的收集愈发充实，自明治末期开始，他多次刊发豪华图录，以世界级古铜器收藏家的身份广为人知。大正十五年（1926），这位跨明治、大正两代的名人在63岁时走到了人生尽头。他被誉为住友中兴之祖，一生可谓事业与兴趣二者得兼。泉屋博古馆接受了他这些以古铜器为主的捐赠，昭和三十五年（1960）在与其渊源较深的京都鹿谷建馆。

住友收藏的形成过程

让我们从中国青铜器收藏的形成开始探讨。首先来介绍一下能够证明前文中秦藏六证言的采购记录，这份记录散见于广征各种资料编撰成的《住友春翠》（《住友春翠》编纂委员会，1897年）中，具体总结如下。

明治二十九年（1896）	古铜花瓶	购入来源：山中吉兵卫（天山）
明治三十年（1897）	古铜花瓶	购入来源：村上一树园
明治三十三年（1900）	古铜花瓶	购入来源：东京
	古铜花瓶	购入来源：山中吉兵卫[1]
	古铜尊彝	购入来源：同上
明治三十四年（1901）	古铜阜盉	购入来源：山中吉郎兵卫（角山）
	古镜1面	购入来源：柳川雨竹堂
	古铜花瓶	购入来源：后藤
	古铜卣	购入来源：同上
	古铜几	购入来源：雨竹堂
	古镜5面	购入来源：藤田（弥助）
明治三十五年（1902）	古铜8个	购入来源：山中吉兵卫"这一年，从此处购入的文物最多，其中价格最高的是'古铜方尊式花瓶'（3500日元）"
	古镜6面	购入来源：山中与七（高山）
明治三十六年（1903）	提梁卣附正面	购入来源：藤田 4400日元
	水银铜乳虎卣	购入来源：同上 4000日元
	古铜尊彝	购入来源：山中 5500日元
		"共增加约20件"

《住友春翠》中"共增加约20件"这句表达虽然有些含糊，但暂且将其假设为明治三十六年（1903）的（古镜除外）采购总数。这样一来，从明治二十九年（1896）至明治三十六年（1903）购入花瓶、尊、卣等古铜

---

1 山中家族事业庞大，二代吉兵卫的长子三代吉兵卫，继承大阪天满祖业，称为"天山"；次子山中吉郎兵卫于大阪北浜角开店，称为"角山"；养子高桥与七于大阪高丽桥一丁目开店，称为"高山"。

器类37件，古镜12件。除明治二十九年、三十年各1件外，其余皆为明治三十三年（1900）即义和团事件之后购入。因此，至少从采购时期来看，如上一览表确实可以佐证秦藏六的论述。

令人瞠目的收藏

下面从《住友春翠》中的记述来探寻古铜器以何种方式融入了日本。据该书记载，明治三十五年（1902）十二月十八日，住友府邸举办了一场"十八会"。该茶会始于同年二月18位文人雅士的一次聚会，以"品评书画古董，赏玩茶事（煎茶席和抹茶席）"为乐，每月十八日轮流举办。成员有松本重太郎（双轩）、村山龙平（香雪）、藤田传三郎、嘉纳治兵卫、嘉纳治郎右卫门、上野理一（有竹）等，众多住在关西的茶人和收藏家齐聚一堂。古董商山中吉郎兵卫（角山）也加入其中，曾担任招待方。《住友春翠》中写道：

十八会举办当日，陈列室分为两部分，陈列有古铜器和古镜的部分着实令人瞠目。彝、鹭、鼎、卣、尊、壶等共有18件摆于架上，另有13件镜鉴置于紫檀桌上。除山中箓簧堂家举办的十八会达到如此规模外，其余几家即便有古铜器展出亦不过一两件而已。如此满堂逸品之展览实属罕见。

此处看似轻描淡写，实则显示了一条重要信息。下面介绍一下明治三十五年（1902）十二月当时古铜器、古镜的收藏情况。据前文购买记录显示，截至1902年，采购总数为古铜器类17件，古镜12件。也就是说，这一数字与十八会上陈列品的数字基本一致，这或许意味着藏品几乎全部展出了。另一个信息点是，除山中之外，虽然其他家举办的十八会上也装饰有青铜器，但只是一两件而已。这或许可以说明，无论是质量还是数量，住友古铜收藏在最初阶段就已遥遥领先于其他家。

虽然十八会自身兼设有煎茶和抹茶两种席位，但好像春翠在之前一年的明治三十四年（1901）就已经开始设置煎茶席，展出盆栽。而且，明治二十九年（1896）、三十年（1897）前后，他最初采购古铜器时就开始买进小茶壶、茶碗、茶托等煎茶器具。从古铜器的采购来源看，以山中三家为主，另有一树园主营的盆栽煎茶用具、雨竹堂主营的与煎茶相关的古董品。从中可以看出，正如《住友春翠》中所言，古铜收藏正是作为收集煎茶具的一环而展开的。

流传至今的国宝"乳虎卣"

明确了古铜器的数量后，接下来让我们进一步确认其中具体包含哪些器物，以及有哪些现存于泉屋博古馆中。对此极具参考价值的是，明治三十六年（1903）四五月举办的"帝室博物馆[1]古铜器展览会"。幸好3年后的明治三十九年（1906），出版了《帝室博物馆鉴赏录 古铜器》，上面刊登有展览会期间代表作品的照片（古镜省略），可知38件古铜器中18件为住友家藏品，其中至少包括明治三十六年（1903）四月前住友家的购入品，即通过这本图录能够确认住友收藏最初的情形。

让我们欣赏其中一部分。图录中写道：明治三十六年（1903）购入"水银铜乳虎卣 购入来源：藤田（弥助）四千"。该图录单纯称之为"卣"，而大正刊《增订 泉屋清赏》中称其为"乳虎卣"，由此可知，这件藏品正是时至今日仍然堪称住友收藏中的白眉"虎食人卣（殷晚期至周初）"（《泉屋博古》，1994年，参照卷首插图）。有人说它是类似老虎的怪兽欲

---

[1] 帝室博物馆即东京国立博物馆的前身。

吃人状，也有人说它是老虎反身哺育幼崽状，无论如何，它那怪异大胆的造型创意都超出了近代人的想象力。它将含蓄的能量豪放而形象地表达出来，器身整体覆盖着精致的雷纹及动物纹饰，深邃且锐利。显然，这需要精湛的雕型铸造技术来支撑。整体凝练的紧张感诉说着古代工匠为其倾注的异常心血。当时的工人大多是与殷商战败后沦为奴隶的异族人，铸造作坊里一定弥漫着一旦失败将被杀头的紧张气氛。明治时期的人们初次见到这件作品时惊讶至何种程度呢？这一点将在后文叙述。明治三十六年（1903）购入的这件世界级瑰宝，让我们再次认识到住友收藏的起点之高，品质之优。

再举一例。明治三十五年（1902）从藤田（弥助）之手购入的"古铜方尊式花瓶"，鉴赏图录简称其为"尊"，应该与上述《增订 泉屋清赏》中所称"牺首饕餮纹方尊"为同一物。因为二者在方形尊这一称呼上一致，而且通过照片也可推断是"花瓶"。

此后，住友收藏又经历了怎样的积累轨迹呢？明治四十三年（1910）出版了田岛志一《中国古铜器集》（审美书院），书中刊载的49件器物中，住友藏品多达30件。其中13件与前文提到的帝室博物馆图录内容重复，故17件为新刊，其中最值得关注的是"周鼓"[正确叫法为"夔神鼓"（殷晚期）]。据传，这件青铜器本为圆明园之物，是迄今为止世界上唯一的青铜制太鼓孤品。它超过80厘米高的庞大器型给人以由内而外的震撼力，再加上正中为夔神浮雕，线刻四肢几乎覆盖前鼓面，造型可谓奇异。它与"乳虎卣"不分伯仲，均为住友收藏中首屈一指的珍品。

从这一时期住友藏品的内容来看，绝大多数为殷周青铜器，种类几乎涵盖鼎、鬲、甗、尊、方彝、壶、罍、卣、斝、盉、匜、簋、觥、錞等殷周样式的器具。也就是说到了明治末期，住友收藏在质与量上更加充实，并且，开始在收集殷周青铜器上下功夫。

此外，从住友收藏在该图录中超高的刊登率也可看出它在业界高居榜首的地位，而且其价值也开始得到认可。

牺首方尊（殷晚期，泉屋博古馆藏）

夔神鼓（殷晚期，泉屋博古馆藏）

住友收藏的全貌

明治四十四年（1911），住友春翠终于自费出版了图录《泉屋清赏》"卷一"，如前文所述，由秦藏六负责注释。春翠亲笔在"绪言"中写下"收集多年，共得百余件"。古铜器类的图录分为三部分，于大正四年（1915）正式完成。大正三年（1914）至大正五年（1916）期间又发行了三部古镜图录，其"绪言"中提到"鉴镜数量共达二百余件"。也就是说，明治四十四年（1911），他收藏的古铜器类达100多件，大正三年（1914）收藏的古镜类达200余件。明治三十六年（1903）总共购入古铜器类仅有37件，古镜12件，由此可知，1903年之后住友收藏大幅增加，且在此期间步入正轨。不过，本图录刊登总数为古铜器类90件（+1）、古鉴类90件。

住友收藏的数量变化如下。从内容上来看，古铜器类中，殷周古器数量持续增加。另有一点值得关注，就是前所未见的春秋、战国、汉代的铜器也开始少量出现。古鉴类中，多半为汉镜或唐镜，几乎包含了汉唐两代古镜的基本形态和设计创意。这本图录所具有的意义，至少就古铜器类来说，证明了住友藏品基本上都是义和团事件以后、辛亥革命以前流出的文物。也就是说，该图录完整地记录了辛亥革命前文物流入日本的情况。

具体明细如下，仅供参考。

古铜器类　卷一［明治四十四年（1911）刊］　刊登数30件

　　　　　卷二［明治四十五年（1912）刊］　刊登数30件（+1件）

　　　　　　　　　　　　　　　　　　　　★刊登的第48号有甲乙2件

　　　　　卷三［大正四年（1915）刊］　刊登数30件

　　　　　　　　　　　　　　　　　　　总计90件（+1件）

其中，重复部分共计35件（明细如下），新刊登55件（1件不详）。《帝室博物馆鉴赏录》和《中国古铜器集》中所载文物，除1件外，其余全部收录于《泉屋清赏》中。

既刊登于《帝室博物馆鉴赏录》且刊登于《中国古铜器集》的13件

只刊登于《帝室博物馆鉴赏录》的5件

只刊登于《中国古铜器集》的16件

刊登于《帝室博物馆鉴赏录》而未收入《泉屋清赏》的0件

刊登于《中国古铜器集》而未收入《泉屋清赏》的1件

古鉴类　卷一［大正三年（1914）］　刊登数30件

　　　　卷二［大正三年（1914）］　刊登数30件

　　　　卷三［大正五年（1916）］　刊登数30件

　　　　　　　　　　　　　　　　　总计90件

　　　　　　　　　　　　　　　　　（全部为首次刊登）

大正十年（1921）至大正十一年（1922），发行了堪称代表住友收藏的钦定版图录《增订 泉屋清赏》。之所以发行增订版，是因为之前的《泉屋清赏》制版技术不够精良，秦藏六的注释过于简略，为弥补上述不足而为之。住友春翠打算在增订

《增订 泉屋清赏》（缩印版）（笔者藏）

版中追加至大正八年（1919）的藏品，因此特聘东京大学泷精一和京都大学内藤湖南进行编撰，制版则委托国华社。此外，还委托京都大学的滨田青陵[1]和原田淑人[2]分别为古铜器类（彝器类）和鉴镜类解说。前者总数为171件，后者为100件。国华社采用的是美国最新的珂罗版照片印刷技术，清晰的图像配上顶尖学者的注释，这份图录达到了当时的最高水准。

内容方面值得注意的是，古铜器类在此8年间又增加了80余件。之所以出现这种情况，是因为这些都是大正时期以后的购入品，其中相当一部分很可能是辛亥革命以后的外流品。因前著《泉屋清赏》基本上由义和团事件以后到辛亥革命以前的外流品组成，这也暗示了《增订 泉屋清赏》中增加的部分为辛亥革命以后的流入品。

从明细来看，典型的殷周青铜器数量一如既往不断增加，收集范围也逐渐扩大。例如，收集范围不再局限于彝器，部分还扩展到汉代、六朝、唐代的刀、车轴、虎符、权、书镇、带钩等小器件，甚至还包含水缸、锡

---

1 滨田耕作（1881—1938），号青陵，曾任京都大学校长，在京都大学首开考古学专业，被誉为"日本考古学之父"。

2 原田淑人（1885—1974），曾任东京大学教授，被誉为"日本近代东洋考古学之父"，与滨田耕作等人共同创办了"东亚考古学会"。

杖等佛具、佛像。如文面所示，收集对象开始扩大到整个青铜美术工艺品，并兼具资料性和研究性，开始向正式的鉴赏领域发展。这样一来，其收藏已经渐渐脱离煎茶用具的范围，或者说已经开始明显超出该领域。

顺便一提，虽然《增订 泉屋清赏》中刊载了《泉屋清赏》中全部彝器类，但镜鉴类的100件中却只包含《泉屋清赏》的67件，即33件是后来重新选定的。

辛亥革命前后

之后，大正十二年（1923）和昭和二年（1927）分别续刊了《陈氏旧藏十钟》和《增订 泉屋清赏续编》。其中，《陈氏旧藏十钟》是以购入清朝收藏家陈介祺的十钟旧藏为契机重新编写的，由滨田青陵担任解说，梅原末治[1]负责拓本和实测图。《增订 泉屋清赏续编》中收录的是《增订 泉屋清赏》后续部分，该刊发行前住友春翠不幸去逝。古铜器类（彝器类）继续由滨田青陵解说，不过镜鉴类的解说改为梅原末治。其中彝器部和镜鉴部文物分别增加了59件和40件。

《陈氏旧藏十钟》中进一步增加了殷周彝器，但与《增订 泉屋清赏》一样，除彝器外带钩和佛像的增加较为显著。镜鉴部也收录了和镜及高丽镜，由此可知，其收藏对象有所扩大。但是严格地讲，镜鉴部增加的40件中，包含七八件《泉屋清赏》刊载而《增订 泉屋清赏》中未刊载的藏品，也就是说，新收录的文物为三十二三件。

综合《续编》和《增订》来看，彝器部总计230件，镜鉴部总计140件，这几近住友春翠毕生收藏的全貌，至少可以说是大部分。此外，古铜器（彝器）类中除了《泉屋清赏》中最初的90件，另有140件是辛亥革命

---

[1] 梅原末治（1893—1983），曾任京都大学教授，师从滨田耕作，主要致力于古坟研究和中国青铜器、古镜研究。

后购入的。也就是说，住友收藏可以相当明确地将文物流入的时间分为义和团运动后辛亥革命前和辛亥革命后，其史料性的一面对研究住友收藏的形成过程具有重要意义。

　　现将住友收藏的形成过程重新总结如下。住友春翠大约从义和团运动时期收藏中国外流文物开始起步，辛亥革命前已经收集了90件以殷周彝器为主的文物，这些原本是用来作煎茶用具的。其中包含今天代表泉屋博古馆的镇馆之宝，在数量与质量上均出类拔萃。辛亥革命以后，又新增140件以殷周彝器为主的藏品。但是，由于住友扩大了收藏范围，甚至涉猎汉代以后的用具和唐朝的佛像等，使得其研究和鉴赏的性质愈加明朗。这就是住友收藏形成的大致过程。

　　作为小结，再简略介绍一下之后的出版情况。昭和九年（1934）发行了《删订 泉屋清赏》，该书是将《增订 泉屋清赏》《增订 泉屋清赏续编》和《陈氏旧藏十钟》3册合订后重新编排的刊物。彝器部和镜鉴部的解说分别由滨田青陵和梅原末治担任。

饕餮纹鸱鸮卣（选自《删订 泉屋清赏》1934年）　　雀柱饕餮纹斝（选自《删订 泉屋清赏》1934年）

战后，昭和三十七年（1962）出版了《泉屋清赏新收编》；昭和四十五年（1970）/昭和四十六年（1971）出版了《新编 泉屋清赏》。《新编》是将《增订 泉屋清赏》《增订 泉屋清赏续编》《陈氏旧藏十钟》这3册书，以及《泉屋清赏新收编》和若干其他内容进行整合编排后成书。各种带解说的器物257件，带解说的古镜鉴162件。由此可知，它只是在战前住友春翠收藏的基础上增加了若干而已。换言之，现在泉屋博古馆中大部分青铜器藏品，都是义和团事件之后经辛亥革命形成的春翠收藏品。这也正显示了住友收藏从煎茶用具到正式鉴赏美术的转变。

第二节　稀世名宝

当时的各种证言

前文概览了住友收藏的形成，接下来我将通过人们初次见到住友收藏时的惊叹之声来介绍其中具有代表性的名品，即考察日本人正式与殷周青铜器接触时的反应。《国华》从明治20年代初期开始就是引领日本美术界的"火车头"，我想从上面登载的文章中探寻人们的反应。明治三十六年（1903）春，日本第一次举办古铜器展览会——"帝室博物馆古铜器展览会"。其图录《博物馆鉴赏录 古铜器》出版于3年后的明治三十九年（1906），其中登载了住友藏品18件。其实，举办展览会当年年末，《国华》[NO.163（1903年12月）]关于该展览会的讲解（附插图解说）中，登载了御制三铜器和4件住友藏品的照片，这正是住友收藏最早且附带照片的介绍。登载的4件藏品分别是"古铜饕餮纹匜"、"乳虎卣"、"诸姬尊"和"四足卣"。

首先评论家芳舟写道："下面刊登为大阪住友氏的收藏，住友氏积累的财富着实令人惊讶，今年春天博物馆展出藏品数量竟达36件。"这表达了他对住友收藏数量的惊讶。据说实际展出的数量超过图录选登数量的一倍之多。

《国华》刊登的第一件藏品是"饕餮纹匜"。上面写道："其铸法均匀，地纹细密，主体和盖子交织成优美的曲线。尽管器型复杂但完成度颇高，不得不说它那'传神'的技巧与绝妙的铜色相映成趣。"

刊登的第二件藏品是"乳虎卣"。"它立意新颖大胆，形状奇特古怪，着实令人惊叹……以老虎和幼崽造型，饰以各种精细的纹样，其制作妙趣横生，无与伦比，就连宋代《博古图》、清代《西清古鉴》等宫中所藏图录也无法比拟，所以更应该称之为'稀世奇品'。"

"诸姬尊，乍一看并不像古董，但是再看就会觉得并非如此，再细看会发现它很有年代感。这种大方尊是如何铸造出来的呢？如果是用蜡型将'该绝妙技艺'升华至如此极致，那么古代工艺的发达水平着实令人惊讶。"

"四足卣，下宽上窄，除去四足部分，从把手的顶部到底部几乎呈正三角形，这正是其器型优美之处。而腹部的鸾纹等则与它的形状完美匹配，堪称'极妙装饰'。"

评论家对展出的4件藏品分别给予极高的评价，最后总结如下：

"世上所谓的青铜器专家从来无意回顾每个时代特有的制作方式，这真是一种狭隘的思维……我品评铜器的时候，欣赏其'饱满的色泽'，称赞其'精妙的制作'，讲评其新颖的外观和典雅的形状，从不把新旧作为评价标准。但是，中国的古铜器总体来说以'遒劲峻严'为本，反倒鲜有以'优美秀气'自傲的。这大概是因为这些青铜器是'宗庙祭祀'用品，尤其很多为纪念战功而铸造。把它们与后世其他种类的工艺品相比较，会有一种奇异之感，但我只是从多方面来考察，并非怀疑它们在审美上的特殊价值。"

美之源流，艺之绝技

评论家芳舟以中国古代青铜器的超强造型力、奇异的构思及精湛的技术为着眼点展开评述。他精准地分析道：中国青铜器之美的本质在于"遒劲峻严"，且制作动机或为宗庙祀器或为纪念战功。时至今日，这种日本对中国青铜器的鉴赏准则没有丝毫变化，那就是，如果观赏者不能超越自我的审美意识，那么在他们眼中青铜器非但不优美，反而怪异丑陋，自然会敬而远之。但是，青铜器的造型和立意正是中国美术的源流，从根本上决定了后世的审美意识。一般来讲，这很难融入日本人的世界，因为它太过强硬了。中日审美意识的本质差异，或者说差异的源头，或许就在于此。进而言之，日本人之所以能够积极引进青铜器，正是因为早已筑下的对中国美术深厚的接纳基础，可以说这都是日本煎茶道的功劳。该评论家似乎迅速捕捉到了问题的核心，其观点与同一期《国华》上登载的滨田耕作（青陵）的《关于中国之古铜器》一文相同。

之后《国华》（N0.174）又刊登介绍了5件古鉴，有插图和解说，题目是《汉唐古镜　大阪住友吉左卫门君藏　铜制》。另外，《国华》（N0.183）还刊登了《中国的古铜器》一文，重新介绍了"住友氏珍藏中卣・盉・甑等"5件古铜器。因在先前的《国华》（N0.163）中，芳舟已经阐述了他对这些青铜器鉴赏方面的见解和美术方面的价值，因此，在《国华》（N0.183）中他主要阐述了"这些青铜器的用法和制作方法"部分。比如，他高度赞美了"饕餮卣"的价值："啊，此乃我邦现存中国古铜器中屈指可数之物。"

"三代秦汉之古铜"精选

特别值得关注的是，在与住友关系密切的"国华社"举办的茶话会上，展览介绍了5件住友收藏的古铜器［《国华》N0.331（1917年12月）］。在国华社《杂录》中刊登的《第十三次国华社茶话会记》一文中记录着"十一月二十四日于本社楼举办"，并对"饕餮纹卣"、"饕餮纹觚"、"饕餮纹爵"、"雷纹方彝"和"镀金兽环熊足奁"做了解说，还在最后对此次展览的意义进行如下总结。

这些展品无一例外皆为艺术精品，特别是5件中国古铜器，于古铜器收藏名家住友之众多宝物中亦堪称极其名贵之物，其中部分曾展出于博物馆，然而大多为东京人不曾一见，给参观者带来无比震撼。三代秦汉时期极其珍贵之古铜器属易碎品，搬运需特别注意。然而，住友家仍不吝展出，对此我社深感荣幸。

这5件古铜器中，除明治三十六年（1903）曾在"帝室博物馆古铜器展览会"中有部分展出外，大部分为东京首展。在大正六年（1917）以前，或许东京接触青铜器精品的机会十分有限，因此，当参观者第一次看到住友精选的逸品时，其感叹之情想必溢于言表。

稀世之证

次年，后藤朝太郎[1]以《浅析住友男爵家藏古铜器"饕餮纹觚"及"饕餮纹爵"上所刻铭文（上）》[《国华》N0.333（1918年2月）]为题开始在《国华》上连载文章。文章开篇他首先关于前文所述茶话会上展示的5件住友古铜器写道：

从考古学意义来讲，此五件器物均为稀世罕见之重要史料。素日喜好钻研金石学之吾辈，面对此等名器，的确趣味盎然……

该文作者首先从考古学和金石学的观点出发肯定其史学价值，坦率地表明了自己浓厚的兴趣。不仅如此，他还写道：

---

1 后藤朝太郎（1881—1945），曾就读于东京帝国大学语言学专业，与语言学家金田一京助同年毕业。是有名的中国通，曾任东京帝国大学讲师，日本大学教授。

吾最近在中国"武英殿"看到数千件所谓三代古铜器……玉石混淆……而今看到住友家古铜器，无论质量、技艺亦或是年代包浆，均有别于世间一般古铜器，完全可以推为真正具有代表性之名品。将其与名噪一时之已故端方旧藏古铜器相比，亦毫不逊色（端方收藏请参照第七章）。

也就是说，即使拿住友收藏与后藤参观过的北京紫禁城内"武英殿"

周王伯姜壶（端方旧藏 选自《陶斋吉金录》）

（古物陈列）中陈列的古铜器相比，在质量、工艺、年代包浆等方面也毫不逊色，堪称顶级。从后藤给予的最高评价来看，此时的住友已是声价斐然，不可撼动。

"造型独特"且"雕镂精巧"

同年，《国华》[N0.336（1918年5月）]还介绍了"汉鸥鹭尊"。由于古铜器大多是宗庙祭器，因此器物及装饰多为祥禽瑞兽或祭祀用的动物（牺象），鸟彝、鸡彝、鸠尊、虎彝、尊、蚁尊等皆属此类。

文章中写道："然而，至今于金石学著录中并未见与此鸥鹭尊形态相同的器物，因此无法判定其制作年代。但罗振玉曾经赠给京都大学的瓦尊很显然呈鸥鹭造型，属于汉代样式土器，因此可推断这件鸥鹭尊制作于汉代。"但是，经现代鉴定技术判定，这一推断显然有误，它应为殷末周初的作品。但是，笔者此处更想关注的是文末总结性的一段内容：

不得不说，该器物造型奇异，制作精良，可谓现今保存古物中稀世罕见之一大杰作。（芳外生）

正如该评论家所言，这件器物的确"造型独特"且"雕镂精巧"。器身有角鸮状的怪鸟蹲踞，器体由尾巴和双足支撑，由尖耳和喙组成的鸟头为器盖。器面上节奏鲜明地交错着涡纹、夔龙纹，腹部清晰地刻着饕餮纹。其造型、匠意与铜质相配，极尽"雄浑俊逸"之感，毋庸置疑，它属于住友屈指的名品。

充满神秘的力量

以上考察了明治到大正中期人们对住友收藏的评价，每一条都鞭辟入里。的确，当时对古器年代的判定在今天都无法认同，毕竟受时代发展所限。当时既没有精确的考古学数据，中国的铭文考释积累也不够深入，只能根据单纯的样式对比或旧有的金石学成果进行真伪和年代判定，《增订 泉屋清赏》中的器物便是如此。20世纪20至30年代，各地才启动了文物集中发掘和正式考古学调查。重要的是，尽管当时鉴定水平有限，但人们还是凭借直觉敏锐地捕捉到了殷周青铜器在中国美术史上的根本意义和特性。也就是说，这些青铜器充满了神秘的力量，这源于其材质的特殊性和制造的历史背景。它表达着由凝重怪异的造型和繁缛庄重的纹样描绘出的鬼神世界。

殷人通过占卜神意来定夺森罗万象的一切，进贡牲畜、献上酒食，一心要平息鬼神的愤怒，祈求上天祖灵的庇佑。殷周彝器就是将文明黎明期人类的这种心境形象化表达的产物，其造型产生于人类秩序观念尚未形成之前。直到周朝至春秋时代，人们开始信仰上天所赋的道德使命以及人内在的德性，经过礼乐的陶冶与教化，才最终确立形成了自律的社会秩序。这是从信奉鬼神的魔咒世界向相信人类自身潜力的礼乐制度的过渡。

大力倡导相信人类自身潜力的正是儒家思想。子曰："未能事人，焉能事鬼？"（《论语·先进篇》）又曰："敬鬼神而远之。"（《论语·雍也篇》）孔子集儒家思想之大成，明确了基于仁和礼乐而形成的人类社会秩序。就这样，殷至周初那些造型怪异的彝器逐渐消失，稳重的礼乐之器开始出现，并逐渐成为主流。后来，还出现了生活用铜器，甚至出现了镶金嵌银的铜器用作财富的象征。

从鬼神到礼乐

尽管如此，青铜器的主流依然是殷周彝器。从鬼神到礼乐，它在中华文明的黎明期作为美的源流而出现，这是文明的原像和灵魂。虽然住友最初只是将其作为煎茶用具的一环来收藏殷周彝器，但始终都以此为收藏核心，代表性臻品也不胜枚举。对于常人来说，彝器的造型未免太过生硬，构思过于大胆，很难接受，而住友春翠本人以及同样关注青铜器的日本人却必须正面应对。能否跨越这一违和感去探寻中华文明的原貌呢？不管当时的人们是否愿意，大批量的义和团运动时期流出的文物已不容分说地摆在眼前，迫使他们做出回答。

经过一番痛苦挣扎，最终形成了住友收藏，同时也诞生了一批青铜器鉴赏家和共鸣者。

现在看到人们对住友收藏的评价后，笔者深切地感受到，当时的人们对中华文明的源头反而采取了积极的接纳态度，甚至可以说充满了果敢精神。我认为这是人们对青铜器扎实的理解力和鉴赏力的萌芽，青铜器已经开始为一部分日本人所接受。

第三节　煎茶用具向鉴赏美术的转变

对青铜器看法之转变

以上我们探究了义和团运动时期外流文物流入日本的过程，并以住友收藏为最典型事例进行了阐述。

结果发现，经江户到明治繁荣发展起来的煎茶道是春翠作为先驱开辟青铜器收藏的土壤。完全融入了中国雅趣的日本煎茶道，成为接纳殷周彝器的基盘，并不断深挖出其底色。恰巧以义和团事件为契机，中国正统美术开始大规模流入日本。其中，煎茶用具中的花插、火炉、水罐等被认为是最典型的青铜器，而且被重新装饰于茶会观展席，逐渐被日本人接纳。从根源来看，青铜器最初是以煎茶用具被日本接纳的。

但是，这些藏品早在明治三十六年（1903）便在"帝室博物馆古铜器展览会"上展出，并在3年后刊登于《博物馆鉴赏录 古铜器》。不难发现，青铜器是以鉴赏美术品的身份登场的。也就是说，煎茶是接纳青铜器的基础，青铜器历来只被当作煎茶用具而已，当它褪去这重身份后，自身的鉴赏价值便体现出来。或者应该说，煎茶把本应该用来鉴赏的青铜器当作了用具。明治时期的日本将青铜器一物两用，但是，随着历史的变迁，青铜器作为煎茶用具的属性渐渐淡去，逐渐成为鉴赏美术的对象，自成一门。这正如前文所述，住友春翠的收集范围逐渐扩大，已然超出了煎茶的范畴。这也象征着煎茶道于大正中后期开始快速衰落，而青铜器以鉴赏美术品的形式保留下来。

接下来考察一下作为茶人的春翠之后又经历了什么，一路引领煎茶的箬篁堂山中吉郎兵卫之死以及之后这一家族的动向。与此同时，我还想把握煎茶的终结与鉴赏美术形成的交错过程，从接纳中国文物的观点重新思考这一过程的意义。

后来的春翠

让我们再次回到春翠的话题。如前文所述，春翠在大正初期意外地转向了抹茶。例如大正中期举办的大规模茶会，其盛况甚至载入高桥箒庵所著《东都茶会记》中。《大阪时事新报》中有一篇以煎茶向抹茶转变的社会趋势为题材的报道，题为《抹茶和煎茶的对抗》(1909年1月15日)，这篇报道从茶道背景写起，诙谐幽默，却意外地一针见血，直击本质。

该报道小标题是"主将是住友和藤田"，文中写道："住友吉左卫门被尊为煎茶派主将，古董商团体昌隆社为参谋"，"另一方面，抹茶派主将为藤田传三郎[1]，村山和上野两位为副将"。此外，还记述道：虽然认为不拘泥于形式的煎茶派是"进步的"，而讲究礼法的抹茶派是"保守的"，但"极为罕见的是，此时保守的抹茶派却已占据半壁江山"。文中还列举了滩地区[2]的嘉纳鹤堂[3]等具体事例。其原因如下：

煎茶为世俗古董商利用，过度挑选器具，说是茶会，不如说是古董买卖交易会。其中大多为古董商发起，即便是风雅聚会也不能摆脱这一商贾气息……相反，在抹茶中，风流雅士的清新脱俗之趣居于首位，赏玩茶具退居其次。这或许是近来达官贵人开始统统远离这群异己，更偏爱抹茶的

---

1 藤田传三郎（1841—1912），日本实业家，藤田财阀创始人，大阪财商界代表人物，除培养出许多商界精英外，作为美术品收藏家、慈善家、爱心捐赠者也声誉显赫。
2 滩地区是指兵库县大阪湾北岸一带，自江户时代起以酿造滩酒而盛名。
3 嘉纳鹤堂（1862—1951），通称治兵卫，别号鹤堂，日本实业家，师从石州流本庄宗泉学习煎茶道，收集了大量中国铜器、银器、陶器，并开设了白鹤美术馆。

起因之一……另外,还有一个原因,即煎茶的始祖在中国,因此所用器物皆注重唐物;而抹茶的始祖是日本,所以未必喜好唐物。近来国粹主义盛行,单从茶具来讲,也将茶人的兴趣引到抹茶上。

也就是说,被古董商过度吹捧的煎茶,渐渐坠于道具本位而偏离了文人雅趣的宗旨,加之近来国粹保护主义的倾向等,是抹茶日益兴盛的背景。这篇报道分析得可谓入木三分。

的确,此时春翠仍是"煎茶主将",但这位大将不久便加入了抹茶的队伍中。但是,正如前文所述,他在转型为茶人的同时,依然致力于青铜器的收集。他收集的范围逐渐扩大,包含了许多不能用于煎茶范畴的古铜器。

那么,应该如何理解他在转向抹茶的同时却继续扩大古铜器收集这种二律背反式的现象呢?二者的结点是什么呢?笔者想探究一下他从煎茶转向抹茶所带来的隐性效果,也就是把青铜器从煎茶用具的身份中解放出来。结果发现,他甚至开始收集车轴、刀子甚至是舍利容器。他转向抹茶的深层原因在于鉴赏美术的不断彻底与深化。这就是略经曲折的春翠所引领的中国鉴赏美术的形成。

从山中吉郎兵卫到山中定次郎

自《角山篝篁翁荐事图录》[大正十一年(1922)出版],煎茶观展席上开始大规模陈列殷周样式的青铜器。实际上,这本图录源于给大正六年(1917)去世的山中吉郎兵卫举办两周年忌的荐事[大正八年(1919)]。其中一个观展席(共十席)上陈列的是与山中相关的20件春翠青铜器藏品,用以吊唁"煎茶之骁将(勇猛的大军)"吉郎兵卫,它们原本是作为煎茶用具的殷周彝器。6年后的大正十四年（1925），被《时事新报》谑称为煎茶派"参谋"的昌隆社隆重主办了五十周年纪念茗宴，茶席和观展席展出的青铜器数量堪称当时之最。

吉郎兵卫之死、荐事、昌隆社五十周年纪念茗宴，这些都具有什么意义呢？吉郎兵卫之死，意味着引领明治和大正两代的煎茶供给者无奈谢幕。春翠早在明治与大正之交就完成了身份转变，可谓大将亲自隐退。煎茶开始急速失去重要的磁场，预示着即将没落。吉郎兵卫的去世，不仅对筹篆堂山中吉郎兵卫商店（角山）造成重大影响，定次郎任第二任社长的"山中商会"也发生了巨大变化。定次郎已经作为东洋古美术商活跃于海外，赢得了不可撼动的声誉。受同族不成文规矩的限制，他在国内无法充分发挥实力。以就任社长为契机，自大正十二年（1923）起他提出了以展览的方式进行国内销售的策略，主营中国鉴赏美术品。内容包括三代铜器，新旧玉器，北魏至唐代的佛教美术品，出土冥器和宋、明、清官窑等绚丽多姿的中国美术主流器物。也是就说，这才是中国鉴赏美术的本来面貌。山中定次郎将以空前的规模开始展示中国鉴赏美术的魅力。

山中吉郎兵卫之死与山中定次郎登场；煎茶走出黄金时代与即将形成的中国鉴赏美术正式拉开大幕；煎茶是播种中国鉴赏美术的土壤，没有煎茶，中国鉴赏美术就无法生根发芽，更谈不上开花结果。这一幕幕更迭大戏，在同族古董商之间华丽上演。"纯粹鉴赏"的形成，是奔腾向前无法逆转的历史洪流。

历史指引的路标轮廓逐渐清晰起来，昌隆社五十周年纪念茗宴的举办恰似落日余晖。

无论是春翠还是定次郎，都被赋予这一历史使命，他们超越江户以来的唐物文人雅趣，彻底确立了近代中国鉴赏美术，形成了精神层面的"纯粹鉴赏"，形成的起点正是源于义和团运动时期的文物外流。

第四节　豪华图录的出版

《泉屋清赏》

前文已经叙述春翠藏品的图录发行过程，但那只是作为回顾春翠收藏形成过程的资料。在此，笔者想要细究图录本身的装订、出版和发行经过。因为不久之后豪华图录就引起了世界性反响，这一点后章将展开论述。

如前文所述，明治四十四年（1911）至大正五年（1916），出版了由秦藏六选定并解说的首部图录《泉屋清赏》。《泉屋清赏》共6函，"各函图版均为长一尺五寸、宽一尺的大开本，各图另有附页"，"函套用如意云纹绫"装裱。图录完成后赠给了国内外相关人士（《住友春翠》，下同）。

大正十年（1921）至十一年（1922），又发行了《增订 泉屋清赏》全5册。彝器部用"暗绿色底衬配褐色饕餮雷纹的绫绢织"装裱，是"几乎与前版相同的大开本册子，3册"，其中包含"呈现器物原色的20件"。镜鉴部用"花鸟纹样的茶褐色绫绢织"装裱，是"等大的2册"，其中包括《十咏图》。不仅如此，各部各册都放入裱有麻布的函套中，而且别册另附《日英双语解说书》。

除此之外，还制作了缩印简装版，缩印至"竖一尺一寸多，横七寸多，约为原件的2/3"，装订为"鼠灰色封面的和本"，每部均放入"裱有蓝木棉布的函套"中。虽然全5册内容并未改动，但"日文解说未做成别册，而是置于各图前页，仅将英文解说分别汇总成1册收录"。镜鉴部和彝器部分别出版于大正十年（1921）和大正十三年（1924）。

此后，大正十二年（1923）发行了《陈氏旧藏十钟》1册，昭和二年（1927）发行了《增订 泉屋清赏续篇》2册，装订风格沿用了正编并分别出版了缩印版。

图录相继出版

仅从《住友春翠》的概要来看,无论是正篇还是缩印版,似乎都令人感受到其装裱的大气与豪华。以《泉屋清赏》为先导,《增订 泉屋清赏》之后不断有图录出版。正如前文所述,《增订 泉屋清赏》提高了制版精度,并委托专家学者进行解说,且周到地附上了英文注解。诚然,从今天的眼光来看,滨田的解说确实有些粗浅,特别是存在铭文考注的缺憾。但是,《泉屋清赏》及后面的图录,刊登着高清珂罗版照片图版,而且《增订 泉屋清赏》中还附英文解说,这些都具有划时代的意义。当时,不仅日本煎茶的茗宴图录,就连中国出版的著作用的也依然是传统的线描手绘图,至少无法依据这样的图像对器型进行把握和比较。当然,如果是铭文及纹样,可以通过精良拓本掌握其基本形态,但是从专业美术的角度来看,照片图版的真实度极其重要。住友的这项尝试极具先驱性,当然也就不难想象当时在欧美产生的轰动效应(参照第七章)。

进军欧美

前文曾提及委托国华社制作《增订 泉屋清赏》一事。其中的具体情况,国华社也有一些记述[《国华》NO.332(1918年1月)],现抄录于此,供参考。

《杂录》——《泉屋清赏之增补印刷》

住友男爵作为古铜器收藏第一人,率先将所藏古铜器和古鉴照片编纂成书,大作名为《泉屋清赏》,并赠予同好之士。后来,住友男爵之古铜器收藏日益丰富,因有更上乘之品需要追加,便委托我社负责增补修订再版此书。此次再版古铜器达150件，古镜上百件。之前版本虽有解说，但过于简略，不尽要领，很是遗憾。故而，此次修订由京都大学滨田教授及东京大学原田讲师执笔解说部分。另外，本书除供本土同好者欣赏外，海外读者亦为目标之一，故可能会添加英译。

此处再次印证春翠的视域似乎早已延及欧美。加上之前发行的《泉屋清赏》，通过出版这部《增订 泉屋清赏》图录，住友收藏开始广为人知，而且中国青铜器的魅力也将正式为欧美认识。换言之，在当时混沌不清的状态下开始涌向欧美的中国文物中，是青铜器将中国文物的精髓完美地展现给了世界。终将有一天，中国正统美术将呈现全貌，其系谱也将趋于精准。

下一章将考察中国正统美术如何呈现全貌，如何为世界所知，及其传播的具体情况。世界范围内中国鉴赏美术的形成情况即将纳入我的考察范畴，山中定次郎即将出场。

第六章 日本古董商进军欧美——国宝外流范围扩大

敦煌千佛洞石窟

第一节 渐呈全貌的中国正统美术

殷墟发掘

辛亥革命前后,中国文物外流开始趋于规模化,这是清末王朝体制动摇所引发的社会混乱产生的必然结果。此外,1911年爆发的辛亥革命导致了清朝灭亡,这成为文物外流规模化的决定性转折点。除这些历史性因素之外,正如本书序言中所述,从清朝末年起,中国境内大批稀世文物相继发掘也加速了这一趋势。下面让我们简单地回顾一下。

河南省安阳附近,农民在农耕时挖出了一些龟甲和兽骨,上面刻有奇怪的文字,当时人们称之为"龙骨",甚至用作中药材。大约在1898年到1899年,金石学家王懿荣和他的友人《老残游记》的作者刘鹗等人注意到此事,后经仔细考证,认为应该是殷代文字。之后,罗振玉和王国维等著名学者相继开始正式研究。罗振玉最终查明:其上的甲骨文为殷代卜辞,出土地是安阳西北的小屯村。而后他又断定,此处即是商朝后期的都城殷都遗址,也就是我们现在所说的殷墟。此外,王国维据此详细论证了《史记·殷本纪》中的记载基本属实。

自1928年以来,中国举全国之力展开大规模发掘调查,以上说法得到完全证实。历来被疑古派怀疑的有关中国黄河文明根据地的真实性及正统性,也因这寥寥数片甲骨得以证实。这是传统的金石学和近代考古学有机结合而取得的辉煌成就。另外,甲骨文第一发现者王懿荣于次年(1900年)由国子监祭酒转任京师团练大臣,因抵抗八国联军入侵失败,引咎自尽。甲骨文的发现与义和团事件的相遇,是奇缘,也是悲剧。

另外,1905年至1908年,修筑汴下至洛阳段铁路时,发现了唐三彩和加彩等。在此之前,当人们提到唐代文物时,就好比在日本只有想到正仓院御物才具有的光环一样。因此，唐代明器的突然出现引起了不小的轰动。陶俑传神写实的造型、三彩如梦如幻的釉彩，不由得令人联想到昔日大唐王朝的繁盛。顺带一提，世界上首位购买这批出土文物的很可能是日本人高桥太华（后文详述），比罗振玉在北京购买还要早半年，大约是明治四十年（1907）夏。

敦煌文书的出现

接着，1900年，道士王圆箓在敦煌莫高窟意外发现一个距今800年的藏经洞，并将其中藏的数万卷经典和文书等私藏起来。斯坦因（Marc Aurel Stein，英）于1907年、伯希和[1]

大谷光瑞和大谷探险队（龙谷大学图书馆藏）

（法）于1908年相继大量买下其中的藏书并带回国内；1909年敦煌文书意外发现，这立即引起了日本人的关注；此前已多次尝试西域探险的大谷探险队，也于1911年首次进入敦煌。这一系列的事件，彻底激起了日本人对西域的憧憬，于明治末期掀起一股空前的敦煌热潮。

持续流出的宫廷国宝

以上都是辛亥革命以前的出土文物。辛亥革命后，宫中藏品，严格来

---

1 保罗·伯希和（1878—1945），法国汉学家，中亚探险家，精通汉语，专攻东方各国历史文化，曾于1906年与一名军医、一名摄影家结伴离开巴黎，经俄罗斯赴中国新疆、甘肃等地考古探险，将大量最有价值的敦煌文书等带回巴黎，出版《敦煌千佛洞》等研究书籍，引起了"二战"后列强对中国西域文物的极大兴趣。

说是紫禁城藏品开始出现在市场上。正如前章所述,在义和团运动时期,只有紫禁城几乎毫发未损。民国以后,为了弥补紫禁城财政不足,古董被拍卖或抵押给银行,以及通过各种形式被夹带出宫,流失严重。例如陶瓷器中,宋明清历代官窑,特别是宋代官窑青瓷和清代古月轩珐琅彩瓷;书画中,(传)五代顾闳中《韩熙载夜宴图》、(传)李公麟《潇湘卧游图》、苏东坡《寒食帖》等——正是以这些国宝中的国宝为代表的紫禁城藏品开始大量流失。不仅如此,还有以恭亲王府为典型的王府藏品,以及端方等满洲高官以金石类、书画类为中心的大量收藏,诸如清朝四大藏书家之一陆心源收集的包含大量宋元版在内的《皕宋楼藏书志》等,各种层次、不同内容的文物无尽无休地散失于世界各地。

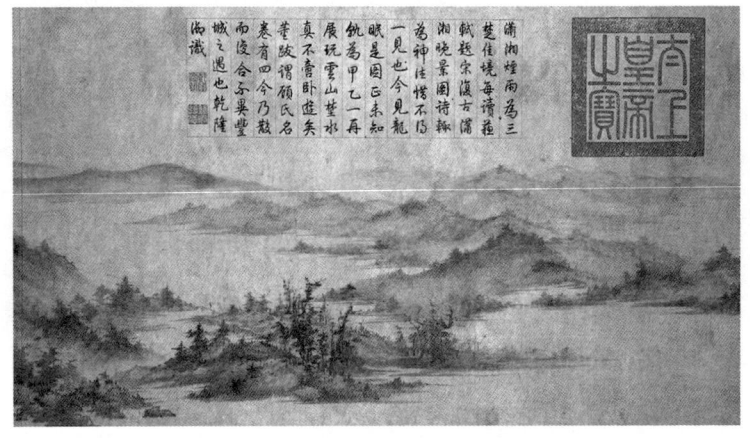

国宝《潇湘卧游图》(东京国立博物馆藏)

全世界的中国收藏

以上所举只是部分典型事例而已。今天,以日本为首全世界的各大中国美术品收藏,大多是在辛亥革命前后到第二次世界大战以前形成的。换句话说，这些收藏正是近代以后中国美术品外流的"记述者"。翻开各大收藏的图录时，例如世界著名的中国绘画详尽收藏综合图录《中国绘画综合图录》（铃木启编，东京大学出版），看到其中庞大的一览表和照片，不禁令人唏嘘，中国外流于世界的文物仅是绘画作品竟然就如此之多。除明治以前的舶来品之外，日本的中国文物收藏几乎都是近代的流出品。

总而言之，自义和团事件以来，包括清末乱世中新出土的文物，以及辛亥革命后紫禁城的巅峰传世品、私人雄厚的藏品等，中国文物的外流在质与量上都逐渐规模化、扩大化。除此之外，更重要的是，在这场一片混沌的文物外流过程中，有一些仅为中国人所知的文物，岂止如此，甚至连中国人都见所未见的文物也包含其中。也正因如此，令人意外的是，现在已是中国美术史常识的汉唐发掘明器、历代传世官窑、西域美术、北宋水墨山水画、中古传世品与青铜器、北魏至唐代的金铜佛、石佛、古玉、印玺等耳熟能详的名字，反而都是在近代的混乱中逐渐出现的，编织出中国美术的全貌。

古美术巨商——山中商会的世界性发展

另一方面，围绕着这些大量的外流文物，自然而然地形成了东洋古美术市场。从明治中后期开始，日本也有部分古董商开始进军中国，山中商会的山中定次郎是其中最成功的一位，在战前就被冠以"世界的山中"之名。同收购恭亲王家古董的做法一样，他多次从北京收购大量古美术品，再拿到纽约、伦敦等地的分店销售，或举办展销会出售，掀起了全球性的中国美术热潮。海量中国文物就是通过这些古美术商源源不断供应给世界市场的。

最终，世界各地诞生了一批中国美术的大型收藏机构：美国的弗利尔美术馆、波士顿美术博物馆、纽约大都会艺术博物馆、纳尔逊艺术博物馆、英国的大英博物馆、大维德中国艺术基金会，瑞士的鲍尔收藏馆，法国的吉美博物馆，德国的科隆东亚艺术博物馆，时任瑞典国王古斯塔夫六世·阿道夫的私人收藏，日本的大仓集古馆、藤井有邻馆、永青文库、静嘉堂文库、横河收藏、书道博物馆、掬粹巧艺馆、白鹤博物馆、黑川古文化研究所等，不胜枚举。这种轰轰烈烈的收集使中国正统美术的全貌广泛地呈现给世界，人们开始认识到其中的真正价值。

山中商会纽约分店（引自《山中定次郎传》）

拍卖会、展览会目录分析

山中商会于明治中期进军美国，后在世界各地开设分店，大量售卖以日本、中国为主的东洋古美术品。山中定次郎作为空前绝后的古美术品巨商，犹如东洋古美术界的火车头，到"一战"结束前一直称霸世界。下面，笔者通过分析与山中商社直接或间接相关的（包括其他公司主办）拍卖会、展览会的目录（山中商社总部保管的部分），来考察山中商会的世界性发展以及中国文物在其中所处的地位。

前文提到，中国文物的外流于辛亥革命前后不断扩大，而山中商会则将其推进到了世界级规模。下文将通过对山中商会的各种图录资料以及商工会议所贸易资料的全面分析，来探寻中国文物的外流过程，这都是此前研究未涉及的主题与领域。

接下来的内容多为琐碎的数据资料，稍显乏味，愿各位读者静心阅读。

如前言所述，与山中商会展览图录的邂逅决定了我后来的研究方向——探究近代中国文物的外流。为了证明这一难以捉摸的主题，笔者进行了一系列实证性尝试。为避免主观感性议论，必须奠定扎实的学术基础，然后将其理论化。

如今仍然很怀念当年在大阪山中总部书库中与数量庞大的拍卖目录和展览目录等文件苦斗恶战的经历，以及搜集东京商工会议所地下图书馆的贸易资料等种种往事，这正是笔者研究的起点。下面的内容将不再过分拘泥于细节，而是着眼大局，探讨世界古美术市场由日本美术向中国美术的转变。

第二节　山中拍卖与展览

举办状况的变迁

为了探讨当时美术品拍卖会、展览会举办地点和时间的变迁以及展品主题，下面将各分店的举办情况按年度列为表6-1至表6-4。

美国（1897—1921）

首先让我们把视角放在美国。早在1897年，定次郎赴美3年后在波士顿举办了第一场拍卖会，其后有5年空白期，1902年再次举办。不过，自1905年拍卖会正规化以后，姑且持续到了1935年，但1922年以后却不过寥寥4场。由此可知，拍卖会的旺期是从1905年到1921年，总计17年左右，而实际上大约在1922年前后就结束了（山中直接主办的拍卖会也于1917年结束）。

从这一期间的发展过程来看，1905年到1911年，波士顿举办7次、纽约13次，这20次为日中美术展，此外，中国美术独展也占了8次。这一期间共举办31次拍卖会，而这两者几乎占了大部分。可见，拍卖的主要范畴虽是日中两国美术品，但多已倾向中国美术品。可以认为，从1905年开始的拍卖正式化和中国美术的主导性流向，都能反映出义和团事件以后中国文物外流的情况。

其次，从1912年至1921年的10年来看，中国美术独展已达29次，而日中美术展则减少到7次。相反，浮世绘类的独展却达14次，在此期间展会总计55次。展览的主要范畴已从日中美术过渡到中国美术，足见中国美术的强大渗透力。但另一方面，浮世绘类的独展也占了相当大的权重，这一点也不容忽视。

在美国举办的拍卖会，其展品构成如统计所示，总计 90 余次，其中中国美术 38 次，日中美术 30 次，浮世绘 15 次，其变化情况已如前述。总体来说，包括浮世绘类在内的日本美术虽然可与中国美术抗衡，但从独展数来看，中国美术显然占上风。1916 年短短一年期间，中国美术拍卖会就举办了 11 次，达到顶峰。从 1912 年到 1918 年的 7 年间，举办多达 28 次，举办频率令人瞠目。据山中总部留下的商品目录可知，在此前后可谓中国美术热在美国迎来第一次高潮。此外，仅山中商会主办的部分，就达拍卖整体的 1/3，确实起到了引领潮流的作用。自不必说，无论是年代还是内容，这些数字均记述着中国文物自义和团事件到辛亥革命以后大量外流的事实。

表 6-1 纽约、波士顿所办竞拍会一览表（按年次、类别划分）

（细体数字：纽约；粗体数字：波士顿；括号：山中竞拍数。除 1897 年外均为山中竞拍）

年次/类别	日本美术	浮世绘类（含版画及其他）	日本、中国（东洋）美术	中国美术	杂	不明	其他	总计
1897			**1**					1
~								
1902					1			1
1903								
1904								
1905				2	1			3
1906			3（1）、**2**					5
1907			1	**1**				2
1908			4（2）、**2**		1			7
1909			**1**	3（3）				4

续表

年次／类别	日本美术	浮世绘类（含版画及其他）	日本、中国（东洋）美术	中国美术	杂	不明	其他	总计
1910			3（1）、**1**	1				5
1911			2（1）、**1**	1（**1**）		1		5
1912				4（3）				4
1913			1	1（1）			1	3
1914		1（1）		3（2）				4
1915		1	1（1）	4			1	7
1916		1	2（1）	11（1）				14
1917		1		3（1）		1		5
1918		1	1	2		2		6
1919		4（1）	1					5
1920		1		1				2
1921		4	1					5
1922				1				1
1923								
1924			1					1
1925								
1926 ~ 1932			**1**					1
1933								
1934								
1935	1							1
年次不详		1						
总计	1	15	30	38	2	5	2	93

然而，如此兴旺的拍卖活动却在1922年至1923年之后急剧减少，甚至可以说实际已结束。如此戛然而止，着实令人费解，关于这一点，将在后文详述。

伦敦（1908—1937）

接下来看一下伦敦。山中在伦敦主办的展览目录为黑色装订本，由其他公司主办的为茶色装订本，可通过目录装订颜色方便区分。据此可知，1909年至1922年14年间，其他公司共举办拍卖会19次。在此期间，山中商会于1910年主办展览会2次，截至1914年共计5次。此后直到1922年再次举办，其间停办7年。自此到1937年这15年共计27次。综上所述，1909年至1922年伦敦共举办拍卖会、展览会25次，其中其他公司主办占据了大半，为19次。而1922年山中商会复出后，其他公司主办的拍卖会便销声匿迹，山中商会主办的展览会一家独大。换言之，以1922—1923年为分水岭，山中实现了由依赖其他公司到全部由自己公司主办的转变。

表6-2 伦敦所办竞拍会、展览会一览表（按年次、类别划分）

［细体数字：黑色装订本（山中主办展览会）；粗体数字：茶色装订本（其他公司主办竞拍会）］

年次／类别	日本美术	浮世绘类（含版画及其他）	日本、中国（东洋）美术	中国美术	杂	不明	其他	总计
1909		**1**						1
1910	1	1、**1**						3
1911		**1**	**1**					2
1912	1							1

续表

年次/类别	日本美术	浮世绘类（含版画及其他）	日本、中国（东洋）美术	中国美术	杂	不明	其他	总计
1913		2		2				4
1914	1	1		1				3
1915							1	1
1916						1		1
1917	1							1
1918		1						1
1919		1	1					2
1920								
1921	2							2
1922	1、1			1				3
1923				2				2
1924	1			1				2
1925				1				1
1926		1	1					2
1927				3				3
1928	2							2
1929				1				1
1930		1		1				2
1931		1		1				2
1932	1		1					2
1933				1				1
1934				2				2
1935								
1936				1				1
1937				1				1
年次不详				2				2
总计	12	12	4	20	1	1	1	51

下文是展品主题的变化情况。1922年之前其他公司举办的展览中，包括屏风在内日本美术4次，浮世绘类8次，日中美术展2次，中国美术仅2次，可见日本美术占绝对主流。而且，山中商会主办的展览中，包括屏风在内的日本美术与浮世绘共5次，中国美术仅1次。也就是说，无需重新统计结果也一目了然，这一阶段日本美术特别是浮世绘与屏风类占据压倒性比重。

世界的山中！大转折之谜

与此相反，1923年至1932年，日本美术展和浮世绘展共计7次，日中美术展仅2次，而中国美术独展却攀升到10次。也就是说，这一期间展览会的主要范畴从日本美术开始大跨步转向中国美术。接着，1933年以后，仅中国美术独展就达六七次之多，趋势完全向中国美术一边倒。于是，我们可以看到，展览会大致的演变过程：1922年以前主由其他商社举办→1923年以后开始由山中商会主办、以日本美术为主→展览重心转向中国美术。这样一来，分析1922年、1923年期间山中能够将拍卖形式成功转为展览形式的主要原因便成为关注的焦点。这个问题将会在后文与1923年以后伦敦兴起第二次中国美术风潮的讨论以及其他课题一并重新论述。

法国（1906—1922）

接下来看法国的情况。从举办年份来看，分为1906年至1911年，和1920年至1922年两个阶段。前半期日中美术展和版画浮世绘展各2次，中国美术展1次，日中展品展览次数不相上下。后半期则是版画浮世绘展4次，日本美术展1次。从整体来看，巴黎展更倾向于日本美术，大多为版画浮世绘。本文姑且仅关注到1922年巴黎拍卖会结束为止。

表 6-3 巴黎所办竞拍会一览表（按年次、类别划分）

年次/类别	日本美术	浮世绘类（含版画及其他）	日本、中国（东洋）美术	中国美术	杂	不明	其他	总计
1906			1					1
1907								
1908								
1909		1		1				2
1910			1					1
1911		1					1	2
~								
1920		2						2
1921		1						1
1922	1	1						2
总计	1	6	2	1		1		11

日本（1923—1943）

最后来看日本。从 1923 年到 1943 年的 21 年间，山中商会主办的展览会共 28 次（其中 1 次年份不详）。在这期间的昭和十一年（1936）定次郎去世。现在我们把定次郎生前 14 年间举办的 20 次和去世后 7 年间举办的 7 次分开来看。其生前日本美术展和浮世绘展共计 6 次，日中美术展 2 次，中国美术展 3 次，东洋及世界美术展共 7 次。虽说除中国美术独展外，看起来包括浮世绘在内的日本美术都在数量上压制中国美术，但实际上在东洋及世界美术展中，中国美术占据很大比重（几乎都含有大量中国美术品）。因此，可以说中国美术在整体上与日本美术不相上下。定次郎去世后，日中美术展 1 次，日本美术、东洋及世界美术各 2 次。值得一提的是，定次郎直至 1923 年才开始在日本举办展览，也就是说在此之前从未举办过。

表 6-4 日本所办展览会一览表（按年次、类别划分）

年次/类别	日本美术	浮世绘类（含版画及其他）	日本、中国（东洋）美术	中国美术	东洋（含中国）	世界（含中国）	杂	其他	总计
1923				1					1
1924						1			1
1925									
1926						2			2
1927									
1928				1				1	2
1929									
1930						1			1
1931									
1932						2			2
1933		2	1				1		4
1934			1		1				2
1935	2			1					3
1936	3								3
1937			1						1
1938						1			1
1939					1				1
1940								1	1
1941									
1942	1								1
1943								1	1
年次不详	1								1
总计	7	2	3	3	2	7	1	3	28

中国美术掀起世界热潮

下面，笔者将借前述各国拍卖会、展览会的举办情况，概述山中商会的海外拓展并整理其中存在的问题。首先，最值得注意的是，世界各店的举办情况在同一年份几乎同时发生了巨大转变。先说美国，美国的拍卖会进入20世纪后得以正规化，而1922年前后已经名存实亡；接着是晚于美国10年才开始正式拍卖活动的伦敦，却也以1922年为界发生180度转变，由其他公司主办变为山中商会自主举办。此外，停展10年的巴黎拍卖会再次启动后，也于1922年销声匿迹。相反，1923年山中商会才在日本本土举办首场拍卖会。可以推断，1922年到1923年这一时段内，山中商会强有力地推进了这一大胆决断——在全世界各店内改变经营方针。要言之，就是停止纽约和巴黎的拍卖会，仅在伦敦和日本办展，并且完全由自己商会主办。而且，从展品种类来看，辛亥革命后纽约向中国美术的倾斜更为显著（第一次中国美术热潮），而山中商会抓住这一潮流，在伦敦自主办展时将中国美术推向了世界前沿（第二次热潮）。甚至在日本，除本土美术外，中国美术也成为美术界的一大有力支柱。总之，山中商会乘着中国美术品外流的浪潮，将经营重心从日本美术转向了中国美术。具体来讲，就是先在美国开疆拓土，然后通过自主举办的方式，在伦敦和日本掀起中国美术热潮，由此成功地开拓了全球范围内的巨大中国美术市场。

山中"中国、朝鲜古美术展"现场情形［昭和九年（1934），于上野美术协会］（引自《山中定次郎传》）

古赤绘金襕手丸纹瓢形花瓶
（中国、朝鲜古美术展览会展品）

为何转变方针

作为本节的总结,我们来探讨1922年前后山中商会方针发生巨大转变的原因。首先,大正七年(1918)定次郎就任社长一事是其重要背景。为了明确就任社长一事的意义,就必须了解山中家族的商业组织模式。山中家族由三个组织构成,这种任务分担制,巧妙地回避了内部竞争。具体来说,由山中商会社长亲自挂帅的大阪"篝篁堂山中吉郎兵卫商店"面向日本国内主营茶道具;京都的"山中合名"主要针对来京都的外国人进行销售;"山中商会"专门从事海外销售。也就是说,山中商会自己在国内开设店铺进行销售活动,事实上是不可能的。

首先是在纽约,1917年即定次郎就任社长前一年,他便将最后一家店铺搬迁至繁华的五号大街680号。该店铺当时受到当地报纸的高度赞誉,称其简直是美轮美奂的画廊。例如,他们将宽敞的二楼分为10个展室,即便作为演说会场也绰绰有余。确实,仅从保存下来的照片来看,也不难想象其恢宏气派的样子。或许特地租借如此会场进行拍卖销售没什么必要。事实上,1917年山中商会在纽约举办的竞拍就已实质性终结,这可以很好地证明我对上文的推测。

其次是在伦敦,定次郎之前的功绩大受称赞,1919年他就任社长的第二年,作为首位获得英国皇家供货许可证的日本人,威信更是节节攀升。他就任后便不再依靠其他商社,而是自己筹划办展,这也是必然的。以上虽然只是推测,但是大正十二年(1923)以后,山中开始在日本办展一事就不难理解了。

也就是说,定次郎以就任社长为契机掌握了实权,继而在海外声名鹊起。在这一背景下,既然必须遵循同族之间互不竞争这一不成文规定,那么要想在国内扩大销售,除了以展览会这种方式进行销售,别无他法。虽说这是迫不得已的无奈之举,但正是这种思路,逐渐形成了独一无二的展出方式,获得了前所未有的成功。

于是,1922年定次郎就任社长便成为山中商会方针转变的契机,此外也有一些偶然因素加大了实现转变的可能性。但是,我们从中最应该认识到的是,山中定次郎对主导权的把握能力。

山中"世界美术展"现场情形(引自《山中定次郎传》)

第三节　山中商会的经营规模

北京分店——据外务省资料分析

这部分内容较为零碎，笔者将参照外务省提供的各分店业绩等相关资料，主要从经济学视角出发去验证山中的世界性发展与各分店的地位。

目前，关于战前各分店的经营状况几乎没有可直接查询的资料。为此，这里只能参照检索到的外务省外交资料馆保管资料〔《在华日本人发展及状况杂件（别册）在华日本人企业及贸易调查件　第六卷》《昭和自十年度至十一年海外日本实业家调查杂件　调查部》《昭和十四年　海外日本实业家调查相关杂件　年报部》）〕及其他资料加以探讨。

首先看《企业及贸易调查件　第六卷》所载"在天津北京 本邦进出口商调"中：

株式会社：山中商会北京办事处

……

（公司成立或营业开始年份）大正七年九月

……

（经营项目）中国古美术品出口

资本金：200万日元

汇入金：150万日元

（年度交易额）22万日元　大正九年度交易额

（雇用人员数）日本人4人　中国人10人

此外，在《华北在留邦人官商录》（天津兴信所编 昭和七年一月）中可见：

株式会社 山中商会办事处 北平东城麻线胡同3号

（开业日期）总店不详（个人经营）

大正七年六月（股份经营）

办事处：明治三十四年前后（个人经营）

大正七年六月（股份经营）

资本金：300万日元

汇入金：225万日元

……

分店：纽约 伦敦 波士顿

……

员工：日本人5名 中国人12名（含杂役）

山中商会北京分店（引自《山中定次郎传》）

在北京的交易额

上述外务省资料总结如表6-5所示。

首先来看北京的情况,对于山中来说,北京是专门购买中国文物的基地。根据上述两份资料,北京办事处在明治三十四年(1901)前后开设,于大正七年(1918)改组为股份经营,大正九年度(1920年度)交易额为22万日元。尽管存在20年时间差,其金额却远远超过了表6-5中的昭和十年(1935)8万银元、昭和十一年(1936)6.5万日元、昭和十四年(1939)15.3万日元。以下文第五节内容作为参考,大正九年(1920)面向海外的中国古美术品出口总额约为70万海关两(1920年汇率166万日元≈87万美元,1921年汇率110万日元≈53万美元)。虽然无法直接与上述交易额进行对比,但这应该能成为探索山中最盛期的中国文物交易量占出口总量相对规模的一个指标。

表6-5 昭和十年、十一年、十四年各分店营业状况

年次	地名	资本金	营业额	员工人数
昭和十年（1935）	北京	20000日元	8万银元	日：5人 中：13人
	纽约	300万美元（总店资本）	55万美元	日：13人 外：19人
	芝加哥	15万美元		8人
	伦敦	300万日元	约2万英镑	日：3人 外：1人
昭和十一年（1936）	北京	300万日元	65000日元	日：4人 中：12人
	纽约	200万日元	60万美元	日：14人 外：21人
	波士顿	200万日元	30万美元	日：5人 外：8人

续表

年次	地名	资本金	营业额	员工人数
	芝加哥	10万美元		8人
	伦敦	300万日元	22000英镑	日：1人 外：3人
昭和十四年 （1939）	北京	含总店共 400万日元	153000日元	日：5人 中：13人
	纽约		50万美元	日：10人 外：20人
	芝加哥	10万美元	3000美元 （亏损额）	日：3人 外：6人
	伦敦	400万日元	52000英镑	日：2人 外：2人

（援引自外务省资料及其他）

在美国的交易额

山中购买的大量中国文物海运至世界各地。纽约分店1935年的销售额是55万美元、1936年60万美元、1939年50万美元，总体在50万—60万美元之间浮动。加上1936年波士顿的30万美元，估计这个时期在美国分店的总销售额可达100万美元左右。从年代来看，当时通过拍卖形式的销售额并未包含在内，或者说本来就不可能记录在册，因此，以上数字应该仅是店面销售总额。

再看1935年至1940年中国古美术品的海外出口总额大约在一百万银元至一百六十七万银元。此外，1916年至1931年间对美出口总额大约为800万海关两、年平均50万海关两（按1921年汇率计算，近40万美元）（参照第五节）。我们不能单纯地将这些出口额与之前的销售额进行比较，况且山中在美国的销售不仅包括中国美术品，还包含日本美术品。即便如此,通过之前推测高达百万的销售额,不难想象山中商会销售额的绝对规模以及在美国的市场份额有多么巨大。

以伦敦为据点

在上述期间,伦敦分店的销售额为2万英镑至5万英镑[按1921年汇率计算,约为7.7万美元(约合16万日元)至19万美元(约合40万日元)],大致相当于美国销售总额的10%到25%。由此可见,美国的销售额远远超过伦敦。对山中来说,美国才是主要销售地,这一点也得到了具体证明。同时还可以看出,至少在这一时间点,英美两地在山中的海外拓展中所处的地位。

另外,1921年至1931年中国面向英国的出口总额约为150万海关两,年均135000海关两(按1921年汇率计算,27000英镑≈104000美元≈215000日元),从单年规模来看仅为美国的1/4(参照第五节)。不过,值得注意的是这个比率本身与山中在美英两国的销售额比相对接近。而且,年均销售额表明,伦敦分店在英国占据了相当份额。

综上所述,虽然经营范围有限,但在一定程度上也可大致明确山中海外拓展的经济规模及各分店的地位。另外,为方便大家参考,笔者推测出了山中商会在中国古美术品海外出口中所占的比重。各拍卖会销售规模的具体数值如表6-6至表6-8所示。

表6-6 纽约拍卖规模一览表

年次	拍卖名称	展示类别	展出数量	总额 (售价、销售额、利润等)
1905	藤田竞卖	中国	765	$22156
1905	Vorce	中国及其他	1615	$65861.25

续表

年次	拍卖名称	展示类别	展出数量	总额（售价、销售额、利润等）
1908	山中	日本中国	632	$51902.5
1909	山中	中国	415	净销售额 $15054 原价 $6810.18
1909	山中	中国	176	总销售额 $54190 成本 $25969.40
1910	山中?	日本中国	608	总销售额 $8260.50 原价?
1911	山中美术品集	中国	541?	三日销售总计 $65530.50 净销售额 $19820
1911	getz	东亚	681	总计 $16000 对方原价大约一半
1911	山中	日本中国	678	总销售额 $6908.5
1912	山中	中国	226	$67000?
1912	山中	中国	193	（三日总计） $106727.50 净销售额 $30900
1914	山中	中国	519	$192036.50
1915	Ives		474	$134807
1916	Mash	中国	534	$13100 原价?
1916	季文乡?	中国	616	$14358.50
1916	Tiffany	中国	145	$44392.5
1916	Wassermann	中国	465	$88550
1916	Metzgar	日本	737	$19000?
1917	山中	中国	?	$115870 原价?

续表

年次	拍卖名称	展示类别	展出数量	总额（售价、销售额、利润等）
1917	季文乡	中国	861	$51454
1917	平川	日本	503	$15734 减去 $3002 $12732

表 6-7 波士顿拍卖规模一览表

年次	竞拍名	展示类别	展出数量	总额（售价、销售额、利润等）
1906	山中	日本中国	502	$4149.25 原价　　$2757.5
1932	山中	日本中国朝鲜	452	$10487

表 6-8 伦敦拍卖·展销规模一览表

年次	竞拍·展销名	展示类别	展出数量	总额（售价、销售额、利润等）
1911	Tuke	版画	790	竞拍额大约　£1810.10.0
1911		版画肉笔及其他	397	锦绘　　£561.6 原价　　£4620.27 挂轴　　£212.12 （原价）　£656.95 净额　　£773.18 （原价）　£5277.22
1913	恭亲王	中国	211	竞拍额　　£6255
1919		版画	374	£585.18.6 £1252.16.6
1922	Bevan	杂	146	£13581
1927	山中	中国	43	总销售额　£1330
1929	山中	中国	168	£5059

下节中，笔者将选取各地具有代表性的中国文物拍卖会及展览会，逐一考证其中美术品的种类构成、名品的交易实例和价格等，借此来探索究竟是什么样的中国文物、以什么样的方式销售出去的。

第四节 拍卖会、展览会实况

纽约（20世纪10年代）

首先来看纽约的中国文物拍卖会和展销会。1912年至1917、1918年，纽约迎来了办展高峰期。到1916年，中国美术独展举办了11次，而且销售额超过10万美元的大规模拍卖会也始于1912年。这些数据无不暗示着辛亥革命以后中国文物的大量流失。下面将举出重要事例来证明这一流失事实，即所谓第一次中国美术热潮的真实情况。具体如表6-9所示。

表6-9 纽约重要中国文物拍卖一览表

年次	举办人及举办会场	竞拍名	主要品类	数量	销售额及备注事项
1912	aaa	纽约竞拍山中目录（peel）	中国宫廷宝石等（玛瑙、水晶、珊瑚等）	211件	$67000?
1913	aaa	恭亲王	中国玉、青铜、瓷器等	536件	$276262.50
1914	aaa	纽约竞拍山中目录（天津贵人）	中国青铜、瓷器等	519件	$192036.50
1915	ag	Madame Yang-shi（？）	中国	909件	有销售订单。品类构成清晰
1916	aaa	纽约竞拍山中	东洋	472件	宫中宝物 最新购入的中国日本商品

年次	举办人及举办会场	竞拍名	主要品类	数量	销售额及备注事项
	aaa	黄兴	中国瓷器 珐琅 宝石、水晶、 玛瑙、绘画		
	ag	季文乡（？）	中国	616件	$14358.50 卖品构成清晰
1917	aaa	山中 （含部分宫中藏品）	中国		$115870 金装饰品/前皇帝、 皇后祭奠仪式时 所佩宝冠/ 最新购入

先从整体来看，1914年天津贵人（端方？）和1916年黄兴等（著名）个人收藏品的出现备受瞩目。但是，更值得大书特写的有两件事，一是1912年、1916年及1917年的拍卖中竟包含曾经的宫中藏品，二是1913年举办的恭亲王藏品拍卖会。换言之，无论是宫中藏品还是恭亲王藏品，都证明了山中拍卖的是辛亥革命之后中国流失的文物，而且亲自参与其中。同时，这也宣告了流出的文物转瞬间就登上了世界市场的舞台。

所卖何物

接下来进行具体分析，首先从确认当时拍卖销售品的内容和结构开始。在此，我们来看1915年Madame Yang-shi的收藏情况，其整体品目的构成一目了然，而且很好地汇集了当时一般的展览内容。统计如表6-10所示。陶瓷器、玉、矿物类、家具类、漆器类、青铜器类等，涵盖了中国古玩、古董的大部分种类。值得我们注意的是，陶瓷类在全部909件中占将近六成，比重很大。进一步看陶瓷类的具体明细，从汉唐古陶到以清朝为主的单色釉、装饰瓷器，应有尽有。从数量上看，该拍卖会的中心应该是清朝瓷器。

表6-10 Madame Yang-shi拍卖会品类构成

类别	各类总计	各品类明细及明细小计	
陶瓷器类	526件	青花瓷器 单色瓷器（self-colored） 单色瓷器（single-color） 装饰瓷器 五彩瓷器 汉、唐、宋、明瓷器	67件 22件 184件 161件 24件 68件
玉、矿物类	105件	翡翠装饰、古翡翠、水晶、玛瑙、紫水晶	
家具类	68件	家具 陈列用装饰架	17件 51件
漆器类	35件	漆器 漆器隔扇	30件 5件
角类	32件	犀牛角 象牙	21件 11件
青铜器、黄铜类	31件		
鼻烟壶	31件		
刺绣、针织类	21件		
北京珐琅器	10件		
大理石及石雕小像	6件		
各种边角余料	44件		

我们可以看到，山中拍卖会以中国陶瓷为主干，翡翠和玉石等矿物类、青铜器类、雕刻类、席垫类等文物各占相当比重，形成有力的支干，主干与支干构成壮观的整体。特别是中国陶瓷器独展及以其为中心的拍卖会数不胜数，范围从汉唐发掘品到清朝官窑瓷器，在展出次数上和文物量上都占压倒性比重。

拍卖规模

古月轩"人物图瓶"（美国弗利尔美术馆藏）

下面让我们以恭亲王藏品拍卖会为例，具体地描绘当时拍卖会的销售情况。该拍卖会可谓让山中商会扬名于世的里程碑。如前所述，山中定次郎购入恭亲王旧藏一年后的1913年春天，于纽约举办了这场拍卖会，展品总数为536件，经计算定价总额约达276000余美元（约55万至56万日元）。此外该拍卖会也几乎同期在伦敦联动举办，以玉、矿物类等为中心，总展出210件，拍卖额6255英镑（约3万美元≈6万日元）。仅从纽约27万多美元的定价总额来看，就远远超过1914年19万美元天津贵人的拍卖总额。从空前的规模或许可以推测，此次拍卖会很可能是山中所有拍卖会中的最高总额。而且，每件均价也高达约515美元。纽约与伦敦两地在定价与实际售价上存在差异，无法直接比对，但是，无论从规模还是均价（伦敦142美元左右）来看，纽约拍卖都远超伦敦。也就是说，以拍卖形式流出的恭亲王旧藏大半卖于美国。总之，这些数字有力地证明了山中收购恭亲王旧藏的魄力，以及拍卖会空前庞大的规模。这次收购成为山中名扬于世的契机也是理所当然。

国宝流入美术馆

最后介绍一下高价品和名品的事例。例如，恭亲王所藏青铜器的逸品中的高价品尤为引人注目，其中一例 Lot311 兕觥（兽形酒器），中标价为 5200 美元（相比之下，伦敦的最高成交价是一件白玉制品，仅 168 英镑 ≈ 811 美元而已）。又如，1914 年天津贵人的藏品，中标价为 4600 美元。由此可见，当时这些青铜逸品大量涌入美国，并以极高的价格成交。

山中商会经营的顶级名品中，若说瓷器，不得不说 20 世纪 30 年代初期出售给美国弗利尔美术馆的古月轩"人物图瓶"，它的艺术价值将在后文详述，在此仅指出其成交价，一说为 6 万美元之高。还有一例更具代表性，即 1925 年小约翰·洛克菲勒（John Davison Rockefeller, Jr.）的夫人艾比·洛克菲勒（Abby Aldrich Rockefeller）在纽约分店购入的两尊北魏时期的镀金佛。这两尊后饰飞天背光的立像佛，姿态婀娜，是闻名于世的绝品，现藏于美国大都会艺术博物馆。售价一说为 225000 美元，在当时堪称天价，同时也是山中商会单次成交额中无可逾越的最高记录。如此看来，罕见的极品时常现身美国市场，尤其在青铜器和雕像类中，由山中带去的逸品格外之多。

伦敦（20 世纪 20 至 30 年代）

下面将目光转向伦敦。1923 年，伦敦的拍卖会发生了转型，此前由其他公司举办转为山中商会主办。以此为契机，展品种类也从以往占绝对比重的日本美术转向了中国美术，1933年以后全部转为中国美术独展。以山中商会自主办展为契机，继美国20世纪10年代第一次中国美术热潮后，伦敦掀起了第二次中国美术热潮。下面，将举出典型事例来阐述这一热潮，同时也将关注其中展品（尤其是名品成交例）的构成和价格，以探究伦敦拍卖会和展览会的重点。

首先，让我们概览从1923年起多达十六七次的中国美术独展的品目构成情况。据统计，陶瓷器最多，独展和合展共计13次。青铜器、玉类、雕刻类、绘画类几乎都是合展，约四五次。可见，伦敦的展览构成中陶瓷器同样占据压倒性比重。

何物备受青睐

下面试举几例来具体考察拍卖会的品类构成、高价品、拍卖成交等情况。首先，请参照表6-11。

表6-11 伦敦重要中国文物拍卖·展览一览表

年次	主办人	主要品类	数量	销售额及备注事项
1913	Christy	中国玉器	211件	恭亲王藏品竞拍 竞拍额 £6255
1927	山中	中国陶瓷器青铜	132+137件？	古月轩 人物图瓶（与弗利尔美术馆藏品同形） £7000
1929	山中	中国陶瓷器青铜	168件	（销售额） £5059 购买人姓名都标注明确
1930	山中	中国陶瓷器青铜、玉	155件？	No.149 古月轩莲池鹭纹花瓶 鲍尔 £1800 No.150 乾隆什锦蝶纹花瓶一对 鲍尔 £1400

续表

年次	主办人	主要品类	数量	销售额及备注事项
1933	山中	中国陶瓷器及其他	159件	销售种类、品名（用汉字书写）和价格（含价签）都标注明确，非常方便
1934	山中	中国陶瓷器	77+α（特殊卖品、手工填写）	同上 大维德等购入品明细标注清晰
	山中	中国陶瓷器	115件	No.9 哥窑钵 大维德　　£650
1937	山中	中国陶瓷器青铜、玉	122件	No.1 康熙郎窑瓶　鲍尔　£1250 No.7 哥窑　　　　　　　£950 No.8 大维德　　　　　　£450
年次不详	山中	中国瓷器、玉	92件	Shen chih-fu（沈吉甫？）
	山中	中国美术	108件	具有古书画的价值

1929年展出青铜器31件，陶瓷器137件，共168件，其中近50件拍卖成交，成交额共计5059英磅。陶瓷器的明细如下：以魏唐为主的20件、宋22件、明41件、清54件。虽然高价品极为夺人眼球，如青铜中的周卣1000英磅，陶瓷器中的明嘉靖在铭豆彩共盖壶一对2000英磅、清乾隆在铭彩瓷花瓶1300英磅，但其成交率总体较低。

1933年展出陶瓷器122件、雕刻7件、玉类30件，共计159件，其中拍卖成交了20件。高价品中，白玉游环大花瓶1700英磅，翡翠共盖香炉900英磅等备受关注。这些玉制品几乎达到了最高价。

细究各类别高价品，青铜中（有一件拍卖年度不详，15000英磅？堪称天价），1932年的周觥2500英磅，1936年的周彝2500英磅，战国壶

1450 英磅等，几乎均处于 1000~2000 英镑的最高价位。（乍一看，似乎远超之前在美卖价，但需注意，二者之间相差 20 多年。）

瓷器中最为特别的当数 1927 年的清乾隆古月轩人物图瓶（与前述弗利尔美术馆的那件同形同种），售价 7000 英磅。其余还有 1930 年宋钧窑钵 4000 英磅、清康熙桃花红瓶 3000 英磅、清康熙笔洗 3000 英磅、清康熙笔洗 2000 英磅、清乾隆古月轩小瓶 1800 英磅、清乾隆夹彩瓶一对 1400 英磅等。

1931 年的拍卖会上，宋代龙泉窑两耳花瓶 2000 英镑，官窑 1500 英磅。以清朝官窑及宋瓷为中心，最高价位约在一千至三四千英镑范围内波动。

由此可见，舶来的高价青铜器在伦敦也备受瞩目。不过，从价格和数量来看，反而陶瓷器所占比重较大，带到伦敦市场的一级品陶瓷器最为显著。关于这一点，可以通过探讨名品交易实例，从质性研究方面加以证实。

鲍尔收藏

接下来举几例具有代表性的名品。之前提到的两件清朝古月轩瓷器中，与弗利尔美术馆同形的那件自然名贵，但笔者更想关注一件售价相对低廉的小瓶。除了它本身具有的美术价值外，上面还记有购买者姓名，借此我们便可以追溯其来历。这件小瓶，具体来说是古月轩"莲池鹭纹花瓶"，由欧洲著名的中国陶瓷器收藏家、瑞士人阿尔弗雷德·鲍尔（Alfred Baur）[1] 购买，是鲍尔藏品中最具有代表性的精

古月轩珐琅彩莲池鹭纹花瓶

---

[1] 阿尔弗雷德·鲍尔（1865—1951），瑞士著名收藏家，在旅行中对东方艺术品产生了浓厚兴趣，购买了技法与艺术水平极高的中国瓷器、玉器和日本版画等美术品，被视为欧洲最高水准的私人收藏家之一。

品。一般来讲，中国陶瓷史上有两座公认的高峰，一是宋代单色瓷器，它经由新兴士大夫阶层清冽的美学意识洗练，在瓷器烧制上取得了真正的成功；二是清代彩瓷器，它熟练运用珐琅彩技艺，工巧精细、繁缛富丽。特别是宋官窑青瓷和清官窑古月轩瓷器，更是登峰造极之古今绝品。它们集中收藏于台北故宫博物院，全世界仅存一百多件。尽管其数量稀少，但做工仍不免有粗细之别。日本国立博物馆所藏的重要文化遗产古月轩"梅花纹盘"和鲍尔所藏刻板的古月轩瓷器相比，匠心虽同，但精致度和工艺品位方面均有差距。日本的"梅花纹盘"是唯一被指定为日本重要文化遗产的清代瓷器，可谓名副其实。鲍尔所藏的"莲池鹭纹花瓶"，虽然是一个不足20厘米高的小物件，但它圆滑如玉般的白胎瓷上施以淡雅之色，其清新的绘画和典雅的韵味，均可与日本重要文化遗产古月轩瓷器相媲美，称其为绝品毫不为过。

当年，鲍尔收藏的精品运至日本展出时，目录的封面便是古月轩瓷器。山中将秘藏于中国皇宫的名品推向了全世界，仅凭这一点，便足以看出他的实力与那个时代的特殊性。

宫廷秘藏品的流向

还有一点值得关注，即1927年古月轩首开先河，上述名品大多在20世纪30年代流出。如前所述，辛亥革命是引发美国第一次中国美术热的直接原因，但是，发生在伦敦的第二次中国美术热是在辛亥革命结束后15到25年，这正是溥仪抵押给银行的紫禁城秘藏品后来的流向。为何在20世纪30年代这个时间点，顶级官窑品开始大批量出现在市场上呢？其历史背景颇耐人寻味。

自辛亥革命前后起，山中将从王朝体制崩溃带来的混乱中流出的大量文物供应给世界，掀起了世界范围内的中国美术热潮。他提供的这些文物才是逐渐呈现全貌的、真正的中国正统美术。也就是说，在欧美的中国鉴赏美术和正式研究的黎明期，从清朝国宝中的国宝到各种出土文物，山中提供了质与量均无可挑剔的丰富素材，对欧美的中国鉴赏美术的形成做出了巨大贡献。关于山中所带来的历史性影响和发挥的作用，将在下一章从不同角度做进一步考察。

第五节　贸易资料上的新发现

迄今为止，中国近代文物的外流状况并没有明确的数据记录。日本大藏省（相当于中国的财政部）自明治以来公开发行的《日本外国贸易年表》中，也未见与古董相关的信息，因而很难把握其数量。最近，我在战前工商会议所等贸易统计资料中，发现了古董品项目，终于可以对明治末期至昭和十五年前后的古董品进行统计了。据此，我们可以用数字来显示辛亥革命前后中国文物的外流情况。接下来将着眼于几乎独占古董品出口的天津和上海两港。

天　津

从明治末期至昭和初期，每年从天津运往他省及海外出口的古董总量并没有显著增加，而且，当时不经国内转运直接出口的古董占比也极低。但是，这一比率在缓步提高，并在大正十年（1921）以后数额和占比均急剧上升。换言之，天津起初主要作为转运中心，将进口的货物转运至国内他处，后逐渐转变为出口中心。

表6-12　天津古董品各国别出口情况一览表

（单位：海关两）

年度/国别	英国	德国	法国	美国	日本
明治四十二年（1909）	3204	1492			8583
1910		3401			11083

续表

年度/国别	英国	德国	法国	美国	日本
1911		102			24392
明治四十五年/大正元年（1912）	46	1406			52755
1913	73	11			49596
1914		276	678		42061
1915					52851
1916				2849	161737
1917				19963	65165
1918				307	24894
1919				1314	14940
1920				21899	16148
1921	1692			126818	578
1922	16440	12290	1658	29535	36081
1923	28851	4475	1748	55349	52093
1924	20117	146197	8059	17123	17913
1925	45895	8618	6299	21997	50614
大正十五年/昭和元年（1926）	115688	12741	15157	37237	88813
1927	43325	68906	34230	68898	74305
1928	41670	73394	51023	138241	115188
1929	43020	50841	60617	142906	142242
1930	10546	20173	21194	83406	110161

续表

1931	7440	23295	30054	142276	74144
1932					
1933（以下为国币元[1]）	49828	17707	28528	132885	80775
1934	65055	1917	37548	148040	71374
1935	139497	12357	67633	234049	39995

下面根据表6-12来分析天津向各国的出口情况。明治四十二年（1909）至大正八年（1919），天津的绝对出口额较低，但是向海外的直接出口额中，有70%到90%是日本。可以说，这一期间日本几乎垄断了天津港的古董出口份额。大约在大正九年、十年（1920—1921），天津港对美国的出口比例出现转机，急剧上升。尽管对美出口在大正十三年（1924）至大正十五年（1926）期间较为低迷，但是在此之后，对美与对日出口额开始持平，美国最终逐渐大幅度超越日本。虽然之前对日出口额占压倒性比例，但随着直接出口的绝对额以大正十年（1921）为界急剧上升，出口美国的份额激增，最终凌驾于日本之上。

表6-13 天津、上海古董品各国别出口统计一览表

（单位：海关两）

1916年至1931年	天津	上海	总计
出口及国内转运总计	5615605		
出口国外总计	3212078	11508062	14720140
（以下是5国明细）			

---

[1] 1932年伪满洲国建立后，统一币制，由伪满洲中央银行发行了新货币，通称"国币"，与现大洋（即银元、银圆）等价。

续表

1916年至1931年	天津	上海	总计
日本	1047016	270886	1317902
美国	909718	7228467	8138185
英国（1921年—）	374684	1105944	1480628
法国（1922年—）	230039	1117152	1347191
德国（同上）	420930	239171	660101
5国总计	2982387	9961620	12944007

据表6-13，大正五年（1916）到昭和六年（1931），天津港直接出口总额为321万两。从国别来看，日本约150万两，位居第一，占32.6%。其次是美国91万两，占28.3%。接下来依次是德国13.1%、英国11.7%、法国7.2%。这5个国家总计298万两，在直接输出额中所占比例达到压倒性的93%。也就是说，这五个国家在天津古董出口中占比极高，特别是日本和美国。

上 海

除大正七年（1918）外，上海在大正五年（1916）至大正十一年（1922）期间出口额基本持平，在40万两上下波动。自大正十二年（1923）起开始增加，大正15年（1926）至昭和三年（1928），达到峰值110万两，几乎为最初的2.5倍。上海的一大特点是直接出口几乎占据大半，与当初主要定性为进口港的天津形成了鲜明对比。

从大正五年（1916）到昭和六年（1931），据表6-13来看，上海直接出口额总计达1150万两，与天津的320万两相比，大约是其3.6倍，即便与该港的进出口总额561万两相比，也几乎是其2倍。也就是说，上海才是古董的主要出口港。下面参照表6-14来分析上海运往各国的出口额。

表6-14 上海古董品各国别出口情况一览表

（单位：海关两）

年度/国别	英国	德国	法国	美国	日本
大正五年（1916）	12950		10881	434555	45351
1917	8331		3161	379376	28267
1918	735		2786	42317	12861
1919	93467		82469	210360	13084
1920	127754	12497	57539	327765	15283
1921	72172	945	46983	177112	22842
1922	66322	2766	22920	325135	11061
1923	700008	5523	69945	478497	8301
1924	73650	16949	69432	692176	2346
1925	93257	26578	94322	580112	15272
大正十五年/昭和元年（1926）	89720	7984	132506	778325	16330
1927	87339	84557	91626	742407	16831
1928	108656	36798	165507	629918	19293
1929	80823	18751	106236	570014	11173
1930	66109	16326	69342	462314	20583
1931	54651	9497	91497	398084	12008

如表 6-14 和表 6-13 所示，对美出口量占压倒性比率。从大正五年（1916）到昭和六年（1931）来看，这一期间对美国的出口总额近 723 万两，占全体的 63%。法国位居第二，为 110 万两，约占 9.7%。英国居于第三，约占 9.6%。此外，日本为 27 万两，约占 2.4%；德国为 24 万两，约占 2.1%。对比之下，上海港的对日出口额仅为天津港的 25%。由此可以明确，出口日本的古董主要来自天津港。另外，上述五国出口额总计 996 万两，占上海港直接出口总额的 87%。

五国垄断中国文物出口份额

据表 6-13，在上述期间，天津、上海的直接出口总量为 1472 万两，其中美国高达 814 万两，占全体出口量的 55%；日本、法国、英国为 130 万到 140 万两不等，占 9% 到 10%。加上德国，主要五个出口国总计 1294 万两，占出口总量的 88%。

由此可知，这五个主要国家几乎垄断了中国文物的出口份额，而美国占比超过半数。

流入实情逐渐清晰

根据以上分析，已从数量上明确了明治末期至昭和十五年（1940）前后中国文物外流的状况，这也是首次明确了这一期间各年份贸易量的变化、文物流入国及其相应数量。具有讽刺意味的是，正是王朝体制下诞生的中国文物，将王朝体制引向瓦解，流入了英、德、法、日、美这五大近代列强国家手中，特别是美国占多半数。另外，前文提到山中商会在全球的贸易额中美国占压倒性多数，与此处的数据一致，这也具有一定的必然性。

前文分析了山中海外拓展的商品目录文献，此处又考察了大量贸易资料，充分论证了辛亥革命前后中国文物外流逐渐扩大的过程。下一章将在此基础之上，从美术史的角度重新探究中国文物外流的意义。

※［资料来源］

（1）在天津日本总领事馆编、天津日本人商业会议所（后更名为天津日本商工会议所）发行的从大正二年（1913）至昭和十年（1935）《天津贸易（统计）年报》

（2）在天津日本总领事馆报告《重要中国商品进口额调查》

（3）上海日本商业会议所（后更名为上海日本商工会议所）发行的1916年至1931年《上海港进出口贸易明细表》

（4）东京商工会议所发行的昭和二年（1927）至昭和十五年（1940）《中国外贸统计表》

第七章　对西欧美术界的冲击

高桥太华（引自《冈仓天心相册》中央公论美术出版）

第一节　日本美术风潮向中国正统美术转变

日本美术风潮时代

19世纪后半期,法国等西欧国家对日本美术品和物品显示出极大的兴趣。特别是1867年和1878年举办的两次巴黎世界博览会上日本馆的展品使日本美术掀起热潮。于是,除引发热潮的日本浮世绘之外,陶瓷器、漆器、金工、象牙雕刻等所有的美术工艺制品都产生了巨大的市场需求。起立工商会社的若井兼三郎及个体商林忠正等人积极响应这一需求,尤其是林忠正,供应了十几万件浮世绘作品。通过这些日本美术品,"人是自然的一部分"这种日本自然观传入欧洲,并对欧洲美术和艺术界产生了深远影响。众所周知,这种自然观影响了很多艺术家,如马奈(Edouard Manet)、土鲁斯-劳特累克(Henri de Toulouse-Lautrec)等印象派及后印象派画家,成为他们创新的契机。然而,1900年巴黎世博会后,日本美术风潮开始衰落,20世纪10年代至20世纪20年代前后走向终结。

1900年巴黎世博会隆重召开,而远在东方的中国却爆发了义和团运动,并以此为导火索,中国文物开始外流,如法国汉学家伯希和曾将敦煌文书带回国内。从辛亥革命前后开始,文物外流趋于规模化。那么,清末中国文物的外流与式微的日本美术风潮之间有着怎样千丝万缕的联系呢?下文将着眼考察两件事情:一是当时敏锐地捕捉到这一趋势的日本人的评论;二是山中商会的商业动向。笔者想借此来探究日本美术风潮转向渐呈全貌的中国正统美术这一过程及其意义。

高桥太华的慧眼

前文提到的日本人评论,是指高桥太华[1]发表的一篇题为《关于中国古美术品之收集(上)》[《美术新报》12-12,大正二年(1913)]的文章。该评论发表于大正早期,阐述了近十余年来欧美各国从日本美术转向中国美术的过程。该作者先人一步,透过当时的现象抓住了事物的本质,一语中的,值得关注,可惜今天知道他的人似乎并不多。

为何他能够独具慧眼呢?这应该源于他的经历。高桥和冈仓天心[2]同属根岸党[3],从年轻时起就有深交。特别是明治三十三年(1901)以后,冈仓从东京美术学校辞职后创办"日本美术院",高桥受邀加入,并担任机关报《日本美术》的主编。与此同时,高桥还前往中国大陆收集中国美术品。后来,他还与常驻中国、专事古美术品收集的早崎梗吉(冈仓的弟子)结下终生不渝的友谊。因此,他能够对美术、特别是中国美术的动向保持高度关注。接下来,我将不惜纸墨,全面分析其评论及相关部分。

为日本敲响警钟

高桥在论文中首先向毫不关心时局的日本"考古学家和鉴赏家"敲响

---

[1] 高桥太华(1863—1947),小学毕业后去往东京,师从史学家、汉学家重野安绎,并知遇同乡东海林散士,为其政治小说《佳人之奇遇》加笔润色。1888年任少年杂志《少年园》主编,大量执笔少年文学,作为根岸派,其小说也入选《小说百家选》。

[2] 冈仓天心(1863—1913),日本明治时期著名的美术先驱、教育家、思想家、美术评论家,东京大学首届毕业生,入职文部省,主管美术教育以及美术品调查与保存,1886年,作为美术调查员遍访欧美,回国后创办东京美术学校,并任该校第二任校长。在此期间,创刊美术杂志《国华》。当福泽谕吉推行"脱亚入欧"时,天心却主张"现在正是以东方思想去影响西方的时候"。

[3] 明治20年代,以小说家、剧评家饭庭篁村(1855—1922)为核心的一批文人,常聚于饭庭篁村在东京根岸的家中,把酒言欢探讨文学,被世人称为"根岸党"(后称"根岸派")。

了警钟，然后另起章节，专门阐述了理由。

中国古美术品，不仅限于为国人之赏玩，而大家却无人研究，等闲视之。如今受国际形势所迫，政治经济方面已不容怠慢，中国古美术品方面亦然，我国考古学家和鉴赏家们切不可继续漠然视之。

"重心转移"

以前欧美人收集东洋美术品，均以日本为中心。他们将彩色浮世绘版画、莳绘、牙雕以及其他钟情之物大量购买回本国。与日渐衰落的东方其他国家相比，我们日本的产品确实一枝独秀，而且在色彩和形状等方面均以新颖且易于理解的姿态呈现于欧美人眼前，因此引起了他们浓厚的兴趣并大受欢迎。后来，随着欧美人品位的提升和研究的深入，成果日臻完善。寻奇探幽的考古学家和鉴赏家们，研究热情节节攀升，最终发现日本美术工艺品的根源在中国，于是便将精力全部倾注到中国美术品上。也就是说，现在的中心点已经离开日本转向中国。

时代变迁

高桥首先以"重心转移"这一吸引人的小标题表明了观点，即欧美的东洋趣味由以日本美术工艺品为核心转向了中国。主要原因为"品位的提升与研究的深入"，追根溯源是由于"领悟到日本美术工艺的根源在中国"。但高桥的分析并没有停留在指出"研究的深入"这一表层原因上，而是将目光进一步转向使"研究深入"成为可能的历史和社会背景，即"中国国运的变迁使然"。高桥接着写道：

中国过去闭关锁国，外国人甚难进入其境，因此外国人鲜有机会接触其精美的古美术品，海外出口亦极其稀少。

中国正统美术的真正价值

高桥在此认为,过去的锁国政策使得外国人极难接触中国美术的精髓,这也是他们无法得到这些美术品的直接原因。他接着论述道:

然而,因义和团事件的爆发,外国军队以缴获战利品为名,公然大肆掠夺,致使中国古美术品及美术工艺品大量出口于欧美,其真容完全呈现于世界市场。世人由此发现,绝非只有日本美术品是东洋精粹,原来中国美术品竟已达到令人惊讶之发达程度。

换言之,义和团运动时期遭掠夺的文物大量流向欧美,使中国主流美术在世界市场崭露真容,人们认识到其非凡的真正价值后,便不再独尊日本美术。也就是说,义和团事件的物理外力打破了过去中国美术的封闭环境,令形成东洋美术真髓的秘藏品首次公之于世。值得注意的是,义和团事件被明确定位为这部文物外流大戏的序幕。

西域探险时代

高桥进一步关注到,随着越来越多外国人到中国内地旅行,中国美术的实际情况渐为人知。对此,他评论道:

而且,无论是地理、政治还是商业方面,中国都成为列强最为关注的国家。暂且不论俄国露骨之南下动机,英法德三国为掩盖军事大调查之野心,以学术研究之名,对新疆、西藏各个方面进行了"深谋远虑"之秘密调查及考古学发掘。三国将意外所获发掘品竞相装点于各自博物馆中。

他一针见血地道破了英、德、法等国所谓西域探险的本质——打着学术研究的旗号，掩饰其"军事大调查的野心"。但实际上他真正关注的是西方列强作为副加产品意外收获的发掘成果。也就是说，此次西域探险暗示着在尘封的中国大陆内地，存在大量外国人未曾见闻的遗迹和无可估量的地下宝藏。从结果来看，可以说它再次向全世界展示了中国传统文化的博大精深。

高桥指出，随着义和团运动时期开始的文物外流，加上内地旅行者的不断增加和西域探险的显著成果等，迄今为止"密闭"的中国美术领域迅速向世界开放，其真实面貌逐渐显现出来。高桥精准地指出东洋美术的精髓源泉是中国正统美术，并分析了它不为人知的全貌之所以能够呈现的背景和主要原因，同时这也是风靡欧美的日本美术迅速被边缘化、逐步衰退的主要原因。这就是高桥为我们解明的日本美术向中国正统美术转变的过程，即他所说的"重心转移"的轨迹图。

西欧青铜器研究的展开

高桥细致入微地阐释了"重心转移"后事态的发展情况，他在开篇部分概观了整体趋势。

欧美人通过各种机会认识到中国古美术品之价值后，表现出极大的热情，堪比年轻人之情欲，有过之而无不及。在雄厚财力和炽烈热情的驱使下，他们大量收集，详尽研究，其程度绝非日本人可以想象。这两三年来他们的品位愈加提升，令人瞠目。

高桥阐述道，逐渐呈现原貌的中国正统美术，其真正价值被欧美人认知后，在"雄厚财力和炽烈热情驱使"下，他们开始进行大规模地收集和缜密地研究，其程度完全超出了日本人的想象，特别是近几年取得了长足进步。

此外，高桥在文章中论及铜器、绘画、雕刻等各领域的显著进展和明显变化。首先，关于铜器他如是写道：

出自日本普通工匠之手的写生类动物——狮、虎、象等咆哮、跳跃、兴奋之态的滥制铜器曾红极一时，而三代古铜器却无人问津，可谓有眼无珠。但数年后之今日，人们对于鼎彝之器之鉴赏力大幅提升，各国几乎倾力收集。

也就是说，欧美人曾对明治以后制造的专用于出口的金属动物工艺品甚是喜爱，却对夏商周三代的彝器完全不予理睬。可是没过几年，他们的鉴识力就有了长足进步，如今情况发生巨变，各国为收集中国古铜器竟不惜一切代价。

绘画与雕刻研究

下面是他关于绘画的阐述。

在绘画方面，欧美人只相信日本的清长歌麿、北齐春信的画作方为顶级绝品，毫不顾及其他。然而，后来彼等亦开始了解到人物画大家古土佐之存在，领悟到纹样画巨匠光琳宗达之卓越，感受到风景画大师元信雪舟之妙趣。这时，彼等仿佛恍然大悟，日本画其实脱胎于中国画。于是开始研究宋元，搜集宋元画，其热情为日本绅士梦之不及。

欧美人起初将歌麿、北齐等普通大众美术视为至尊，后来又逐步探寻到富于渲染的宗达和幽静玄妙的雪舟是日本美术的主流，进而又厘清其根源在于中国画、特别是主流的宋元画，于是便开始疯狂收集，这些都超出了日本人的想象。

关于雕刻，高桥记述如下。

雕刻方面亦如此。起初除象牙、竹根等讨巧赏玩物之外，似乎无何等之物入其法眼。然而，当他们玩味到镰仓大佛和奈良仁王之魅力，便立即开始追寻印度、希腊之体系。他们发现了六朝隋唐佛教的极度发达，知晓了大量雄伟壮丽、令人瞠目之珍品于中国内地随处可见，而日本仿制品却仅存于近畿圈一带。随着了解逐渐加深，欧美人越来越认识到，不可独尊日本而不顾其他。

曾执迷于和服吊坠类饰品的欧美人发现镰仓、奈良的佛教美术品后，进而了解到各地散存的遗迹其根源是受希腊人文主义影响、经北魏隋唐后发展起来的中国佛教美术影响。因此，高桥进而写道：

不言而喻，当欧美人发现其他陶瓷漆器类，如砖瓦、玉器、织物、刺绣等中国古物均优于日本时，欧美市场日胜一日之中国古董热亦不难理解矣。

既然摆在眼前的所有领域的中国器物都更胜一筹，那么欧美市场日胜一日的中国古美术品收集热也是必然的。

高桥就这样论证了欧美人从日本美术热骤然转向渐呈全貌的中国正统美术的状况。他饱含热情地叙述了从义和团事件到辛亥革命短短十余年内，所有领域的文物价值出现大反转，并将欧美对中国文物收集和研究的惊人热情介绍给日本人。这正是中国正统美术作为东洋古美术的真正根源被人们认知后产生的结果。

美术品收藏的转换期

高桥毫不留情地指出:"因此,今天欧美人想要收藏东洋美术品一定会先去中国,来日本的只是些资历浅薄的外行罢了。"而且,高桥接着以"今日的北京"为标题,生动地描述了欧美学者及收藏家一掷千金、急红双眼在北京城内到处搜寻珍宝的情形。由日本美术热潮向中国正统美术的转换,即"重心转移"所导致的现实状况大致如此,真不愧是只有内行人才能了解到的实情。

主要奔中国而来之欧美人,又必定以北京作为中国之中心,此乃自然之势。因此,欲研究或收藏东洋美术品之欧美人皆聚于北京。北京常有七八人至十五六人,手持10万、20万两的巨额信用证,瞠目四处急切搜集古美术品。其中,有人租借某亲王大臣之旧公馆,宛若居于王公贵族的府邸,每日乘车兜风,或亲自巡游境内,或派人到各省不惜重金竭尽全力获取珍品;亦有人常设一处根据地,收集成百上千件宝物于室内,建立学术理论系统,尝试进行文物分类,乐此不疲。

日本的实际情况

然而,日本的情况却完全相反。

欧美列国对中国美术品如此疯狂痴迷，而近邻日本却自恃美术品大国，简直一无所知。大阪、东京之古董商每年仅前往采购一两次，且非世界级水准，仅购买少量日本煎茶家常用之古董品而已。除此之外，便是公使馆、正金银行等各公司派出的出差人员，听闻别人赚得暴利，自己亦蠢蠢欲动，间歇性引发古董热，做着一本万利之美梦，然其竞相购入者仅为石田[1]或田叔[2]之赝品罢了。

也就是说，只有东京大阪寥寥数名古董商会每年一两次购买中国煎茶道具。夜郎自大的日本自恃美术品大国，对世界巨变充耳不闻。此处，高桥的思路再次回到开篇的引言处，带着强烈的危机感给日本人敲响了警钟。

高桥的结论

高桥精辟地分析了日本美术正在向中国正统美术转变的过程、要因和背景，这一点令人钦佩。此外，他还洞察了现象背后隐藏的本质，并且明确指出中国文物外流的源头与义和团事件中的掠夺有着必然的联系。也就是说，巴黎举办世博会的同时，风靡一时的日本文物正逐渐走向衰亡，中国文物开始登上世界舞台。再加上汉唐明器出土，敦煌等西域美术品大量舶来，以及辛亥革命后具有决定性意义的紫禁城顶级国宝大批流出等，大事小情接连不断，不为人知的中国正统美术逐渐向世界展现出恢宏的全貌。随着其实际状态和真正价值被层层剥开，人们的收藏热度也不断攀升。而与此相对，起源于中国美术的日本美术，却被置于相对地位，声价也愈发低落。这正是日本美术向中国正统美术转变的最主要原因。

1　沈周（1427—1509），号石田，今江苏苏州人，明代绘画大师，吴门画派创始人，明四家之一。
2　蓝瑛（1585—约1664），字田叔，今浙江杭州人，明代画家，浙派后期代表画家之一。

"中国美术流行"的世界性

如何证实高桥这种极富洞察力的观察和分析呢？在此，我想从以下两个观点进行验证。一是高桥与同时代的泷精一[1]对此问题看法的比较，二是重新审视前章中提到的山中目录。首先，我们从泷精一的《中国美术之流行》[《绘画丛志》290，明治四十四年（1911）] 着手。

近来兴起之中国美术可谓风靡全球。中国文物近年来于欧洲颇负人气，最近又据法国消息称，日本画几乎完败于中国画，售价亦呈大幅下跌之势。究其原因，主要因为中国逐渐为世界认知，考古学和美术方面相关研究尤其日益深入，加之中国古美术品历来举足轻重，且新出土品不断发掘。比如，近期于新疆、甘肃二省发掘之壁画及西安等地发现之石佛等，更加深世界对中国美术之兴趣。目睹此等文物，欧洲人愈加明白，中国美术乃日本美术之本源、蓝本。因此，彼等更加敬重作为日本美术品渊源之中国美术品，此亦理所当然。欧洲人对于东洋美术，最初醉心于北斋广重，但画风一变，改为欣赏雪舟、元信、土佐画、佛画等，后又进一步将兴趣转向中国美术。从事物认知角度而言，这一顺序亦不足为怪。

欧洲兴趣之变

以上是泷精一对明治末年全世界流行中国美术的原因及背景的分析，内容清晰易懂，基本观点与高桥大致相同，这一见解好像也得到了部分有识之士的共鸣。总之，对照泷精一的分析来看，高桥的见解相当精准且

---

[1] 泷精一（1873—1945），东洋美术史学家，毕业于东京帝国大学哲学系，曾任东京帝国大学教授、东方文化学院理事长、会长，以及美术杂志《国华》主要撰稿人等。

具有说服力。而且，泷精一十几年后再访欧美时，重新提及这一问题，具体内容记载于《关于欧美的东洋古美术品（美学会讲演笔记）》[《国华》N0.383，大正十一年（1922）]。

此次吾于英法两国新遇有趣之东洋物，几乎均来自中国。此前去欧洲时，已知晓中国器物日渐受欧洲人喜爱，相比日本物，中国器物更受欢迎，且人气居高不下，今日依然如此。不仅欧洲，美国亦然。于欧洲，中国器物比日本物更受欢迎之众多原因中主要有以下两点。一、由于中亚出土品之舶来，欧洲人突然发现中国古美术品之伟大。二、随着与中国美术品接触增多，彼等逐渐意识到日本美术多为中国美术品之仿品。

泷精一指出，两次访问欧美时都发现，欧美人对中国文物的兴趣超过了日本。关于主要原因的分析也与前文一致。高桥的见解历经十载再次得以印证。

第二节　住友收藏的冲击

泉屋博古馆《泉屋清赏》的验证

源于义和团事件的文物流失是导致日本美术向中国正统美术转变的主要原因，那么，住友收藏及其图录《泉屋清赏》与转变过程和主要原因之间有着怎样的关联，又具有什么意义呢？或者说根本就毫无意义呢？住友收藏本身是以义和团事件为契机逐渐形成的，它的第一本图录是明治四十四年（1911），即辛亥革命爆发当年出版并分发于世界的。因此，笔者想要考证一下拥有这种背景的《泉屋清赏》究竟发挥了怎样的作用。

下面进入正题。首先，从冈仓天心与青铜器的关系入手，因为研究天心晚年的收藏是认识住友收藏意义的绝佳契机。天心晚年在波士顿美术馆任职，明治四十五年（1912）第三次前往中国，目的当然是想趁着辛亥革命的混乱寻求中国古美术珍品。他和弟子早崎梗吉二人收获颇丰，其中便含有青铜器。他的这次旅程和购入品详情记录于《九州·中国旅行日志》中，部分购入品的解说在《中国·日本美术新收品展》中有记载。冈仓在后者的解说中有如下描述。

西方直到最近才终于开始关注青铜器，但是除由劳费尔（Berthold Laufer）教授收集后藏于菲尔德自然史博物馆之青铜器、巴黎赛努奇博物馆之青铜器以及其他个人收藏之青铜器之外，世界各国仍不清楚如何看待中国古代青铜器之价值。所幸，迄今为止我美术馆所藏一系列重要作品中，又新增已故清朝官员、著名收藏家盛伯熙先生之数件珍品。

与住友匹敌的冈仓天心

此处冈仓指出的是除特例之外欧美青铜器收藏的普遍状况。他记述道："如今,世界各国仍不知该如何看待中国古代青铜器的价值","西方最近终于开始关注这类藏品"。由此可以看出,欧美尚处于青铜器收集的黎明期,仍未找到明确的方向。因此,冈仓对下面引文所示的这批来历非凡的藏品充满自豪,并在一封私人信件中记述了当时收集的详情。

我购得古代青铜器35件之多,其中10件为著名收藏家盛伯熙旧藏品。正如您所知,盛伯熙乃最高级满族人,于青铜器收藏方面为已故端方之前辈。另有两件曾为清朝帝室藏品。通过此次购入之藏品,应当可以确立本馆于欧美之最高地位。除端方收藏及大阪住友男爵收藏外,我们不亚于任何人〔1912年5月16日,费尔班克斯(Arthur Fairbanks)收信函〕。

天心在信中甚至说:"通过此次购入之藏品,可以确立本馆于欧美之最高地位",这充分显示出他的自信。然而,此处更为重要的是,作为例外被除去的,正是超越本次天心收藏品的著名清朝高官端方收藏和住友收藏。也就是说,在明治四十五年(1912)这一阶段,天心承认住友收藏是世界青铜器收藏的最高峰,且强烈地受其影响。也说明在尚处混沌阶段的欧美青铜器收藏领域中,住友开始发挥极其重要的先导作用。之所以这么说,或许是因为天心的此次收藏就是受了住友的启发。〔顺便一提,他上次到中国时(1907年),购入的还是以镜鉴类为主,并没有这样大批购入彝器类。〕

接下来,让我们探究一下辛亥革命前后欧美青铜器收藏摸索时期的历史情况以及住友超群的地位。

另一件"虎食人(乳虎)卣"

实际上,还有一件与泉屋博古馆的镇馆之宝"虎食人卣"造型相同且创意做工相同(仅底部纹样略有不同)的"虎食人卣",藏于法国巴黎赛努奇博物馆。围绕这另一件"虎食人卣",罗振玉在《俑庐日札》[1][《国粹学报》所载"美术篇",己酉第一号(1909)第50期]中有一段饶有趣味的记述,让我们略加探讨。原文抄录如下。

监丞徐梧生道:"祭酒盛伯羲家藏一卣,制形奇特,虎前爪抱持一人,虎张口欲啖食人首状,造型类似饕餮。这是记述前人古彝器之造像,现在属未知领域。"

虎食人(乳虎)卣

一、上文为罗振玉于"徐梧生"处所闻内容。可看作关于"虎食人卣"的传闻。

二、该见闻最早也在1905年、1906年以后,即义和团事件很久之后。

三、徐梧生亲眼所见盛伯羲(熙)所藏"虎食人卣"的日期并不明确。但据文中推测,应该是1905年、1906年以后。

四、以上假设如果成立,盛氏所藏"虎食人卣"很可能不是(义和团

---

[1]《俑庐日札》是1905年、1906年至1908年罗振玉在北京直接或间接记录其见闻的随笔,主要内容为"金石类"。

事件后不久流出的）泉屋博古馆藏品，而是巴黎赛努奇博物馆藏品。

五、能够有力证明上述推测的是，冈仓天心购入盛伯羲青铜器（10件）与巴黎赛努奇博物馆购入"虎食人卣"的时期。前者为辛亥革命后不久的明治四十五年（1912），后者为1920年。

盛伯羲所藏青铜器自辛亥革命后不久便开始散佚，恐怕"虎食人卣"正是于乱世中流出，历经辗转，最终被巴黎赛努奇博物馆收藏的。如果上述推测成立，那么这另一件"虎食人卣"正是辛亥革命导致文物流出的见证。

某收藏家的回忆

另有其他证据。乔治·尤默福普洛斯（George Eumorfopoulos，侨居英国），主要收藏陶瓷器，享有世界级中国美术品大收藏家的称号。他在图录的前言中有如下回忆［Yetts[1]，1929，林巳奈夫日译（概要）］。

第一次世界大战（1914—1918）之前，欧洲人并不热衷于这种类型的美术品，虽然也略藏一二，但是对于真品和后世赝品的辨别尚不明确。那时，住友男爵在远东已是青铜器收藏大家，通过他出版的精良图录，我也深受启发。因为收藏家们对青铜器不感兴趣，所以真正的珍品没有进入欧洲。最初流入英国的上等青铜器正是这件卣，它是一战前不久传入的。而青铜器珍品大量传入是"一战"结束后……

下面我们重点关注与住友相关的部分。

---

1 叶慈（Walter Perceval Yetts，1878—1957），英籍艺术史学者，第一批在华开展中国传统建筑研究的西方学者之代表，他曾编撰三卷本《乔治·尤默福普洛斯藏中国、朝鲜青铜器、雕塑、玉器、珠宝和杂项》，1929年出版。

首先，在日本收藏界，住友男爵的确成功创造了世人无法匹敌的住友收藏。他赠给我数卷豪华图录（均为住友男爵和令郎倾情捐赠），虽然我没有机会亲自欣赏这些藏品，但也足以让我感受到中国青铜器的魅力。

《泉屋清赏》在西欧的意义

乔治·尤默福普洛斯在此论述的第一次世界大战前欧洲人对于青铜器关注度极低和真赝鉴定混乱的状况，正如刚才所引天心的证言，以及前文高桥的评论"人们对三代古铜器毫无兴趣，简直是有眼无珠"。可以看出，欧洲在青铜器收藏方面没有任何指向性，可谓一片混沌。扭转这一局面的，正是尤默福普洛斯所说的"受到的启示"，即住友男爵的集大成"豪华图录"的出版。也就是说，正是《泉屋清赏》等豪华图录，为混沌不清的青铜器收藏指明了方向。

以义和团事件为契机发展起来的住友收藏，通过出版高清晰全像摄影版豪华图录并分发给海内外这一先进的尝试，至少在青铜器类别上，为尚处混沌期的欧美各国介绍了殷周青铜器的大略，指明了青铜器收藏的方向，进而以此展现了中国美术、中华文明的强大原貌。该图录带来的"启示"好似久旱之甘露，旋即被追寻东洋美术源流的欧美人接受。也就是说，在该领域，它对日本美术向中国正统美术转换起到了决定性的推动作用。住友收藏早成之大器，在辛亥革命后渐呈全貌的中国正统美术的波涛中，起到了收藏殷周青铜器的基石和指南针的作用。

第三节　　欧美收藏的狂潮

瑞典皇子来访

欧美收藏的狂潮主要是因为日本人，严密地讲，是因为日本人自江户以来对煎茶道这一唐物文人趣味的浓厚兴趣以及因此而形成的接纳基盘。进而，当青铜器超越了煎茶道具这一身份，上升到"纯粹鉴赏"的境界后，才最终获得了世界共通的普遍性。而且，欧美人率先探究到了中国主流美术的源头，并加以近代意义上的解释，从而引起了世界反响。

最后，再追加一个反映该反响的典型事例（《住友春翠》）。大正十一年（1922）五月，极为关注中国美术的瑞典皇子古斯塔夫·阿道夫（Gustav Adolf）来函，希望得到一册《泉屋清赏》。春翠答应将马上发行的《增订泉屋清赏》也一并赠送，并于11月邮寄给了他。大正十五年（1926）春翠去世后不久，瑞典皇子与王妃决定来日，并于当年秋季到访。来日的"第一日的是参观正仓院[1]御物及住友家的古铜器"。也就是说，春翠的图录与正仓院御物一起使这位皇子决意来日。春翠葬礼期间，据说《伦敦时报》等报刊以《世界级中国古铜器收藏大家男爵住友吉左卫门》为题进行缅怀哀悼。住友的名字与他的收藏一起蜚声欧洲。

收藏扩大

在此，我们以青铜器为例来看欧美中国文物收藏的形成。正如上文尤

---

[1] 正仓院是日本奈良东大寺大佛殿西北处的高床式仓库，建于8世纪中期的奈良、天平时代，保存着圣武天皇的遗爱品、东大寺宝物以及亚洲各国汇聚于此的美术品和宝物，可谓东洋美术精华汇集地。1997年被指定为国宝，1998年登录为世界文化遗产。

默福普洛斯的回忆中提到的，欧洲青铜器收藏的盛行始于第一次世界大战后，大约在1920年前后。大正十五年（1926）至昭和四年（1929），梅原末治在欧美对公私青铜器收藏品进行了调查拍摄，从中精选出彝器250件、镜鉴160件、杂器137件，刊载于《欧美蒐储中国古铜精华》（1933），共出版7册。这本图录较好地展示出截至20世纪20年代末欧美青铜器收藏的概况。主要收藏机构有大都会艺术博物馆、波士顿美术博物馆、弗利尔美术馆、柏林博物馆（东洋美术部）、尤默福普洛斯（个人）等。

梅原在序言中指出欧美青铜器收藏的两点特色。第一点是"器物本身制作之奇特及精美"和"器物之鲜明古色及图纹奇异之精妙"，即将器形（造型）和纹样作为收藏指标。这与以往以铭文解释、与古法礼教对比为中心来研究中国文物的传统方法和收藏观念大相径庭。而且，梅原在文中这样评价了《泉屋清赏》：

住友收藏受自身古器赏玩风格之影响，且主要仿效其已出版之图录，但又摆脱如上旧习，将器物本身之精选作为收藏第一要义，从各种不同观点综合考量器物之特质，然后利用近代发达之印刷术将其复制，首次对铜器实物给出正确解释，并展示出其特殊样态。因此，从此点来看，它可谓开创了中国古铜器研究之新纪元。

梅原的评价可谓真正捕捉到了《泉屋清赏》所具有的现代意义。或许梅原认为，住友将"器物本身的精选"作为收藏要诀这一点，正是他对欧美青铜器收藏的影响。

在新出土品中追寻新型之美

第二点是"尚未传世的新出土文物展现了古铜器的真实面目,这使欧美人萌生新趣,遂欲对此类文物进行深入调查研究"。换言之,萌生这一想法的契机,源自欧美收藏品中出现的这些鲜活的新出土青铜器。前文提到的"器物之鲜明古色",在中国指的是"生坑"[1],它与出土已久、精心修缮的半传世品,即"二手传世"或"熟坑"等相对,富有古锈之美。

由此来看,梅原阐述20世纪20年代步入正规化的欧美收藏的特征时,不但提到了优先考虑器形(造型)和纹样等纯鉴赏方面的视角,还关注到欧美积极引入新出土品这一现象。

"柉禁"——端方旧藏的去向

下面举几件新出土品交易的代表事例,并分析其与日本古董商之间的联系。

清光绪二十七年(1901),陕西省宝鸡县斗鸡台出土了一套史无前例的西周青铜器,后归端方所有。它由盛放酒器的长方形几案"禁"和爵、角、尊等约20件器物组成。端方依照古籍,为这独一无二的稀世珍宝取名"柉禁",至爱赏玩,并将其置于自撰古铜器图录《陶斋吉金录》(光绪三十四年,1908年刊)的开卷之首。由此,"柉禁"以端方收藏中的精品而广为人知。辛亥革命中,端方命丧黄泉,各路藏家立马虎视眈眈,觊觎他的藏品。实际上,前引冈仓天心的书信中,后文有这样一段话:"葬礼后

---

[1] 文物术语。指青铜器、铜器以及古钱币出土未久,呈现新鲜锈色。或指虽然出土已久,但锈色未遭破坏,与现坑时同样。

他收集的青铜器也极有可能散失,我们必须竭尽所能去获得那些重要的美术品。"此外,《国华》(第277号,大正二年六月)在《端方旧藏的铜卣及铜尊》中也介绍了这套"柉禁"。由此可见,端方的青铜器收藏及"柉禁",在国际上及日本国内都获得了极高评价,其动向备受关注。

但是,1924年这套"柉禁"最终归美国纽约大都会艺术博物馆所有。值得关注的是,就在前一年的1923年,经山中商会之手日本国内也出售过大量端方旧藏。我们来看一下其间发生的事情,以便参考。

柉禁(端方旧藏品,美国纽约大都会艺术博物馆藏)

山中与端方收藏

大正十二年(1923)山中举办的首场展销会"古代中国美术展"上,展出《陶斋吉金录》中登载的古铜器25件,古金石35件,共计60件。之后于大正十三年(1924)十一月的展销会上,端方旧藏的古金石63件也名列其中,部分展品可能与上次有所重复,数量接近翻倍,显然补充了新藏品。不仅如此,在昭和三年(1928)的展销会上,展出"端方旧藏"铜器

12件,其中9件在大正十二年(1923)展销会上出现过,估计是上次未售出的部分。之后,昭和七年(1932)十一月的展销会上,有端方旧藏"古铜器"1件,昭和九年(1934)五月有3件,除1件无法确定外,其余皆为首次出展。截至当时,至少大正十二年(1923)的古铜器25件几乎全部售罄。由此可知,在相当长一段时间内,端方旧藏品在日本一直出售,总计超过100件次。

据此我们能够确认,端方收藏品在1923年至1924年之前的某个阶段就已散佚,其中相当一部分进入山中商会。假如"柉禁"由山中销售,事情就比较简单,但目前尚无法确认。即便未经山中之手,从年份的共通性也可断定,有相当一部分端方收藏在同一时间点散佚,碰巧其中含有"柉禁"。

住友与端方旧藏

鼎(端方旧藏品,日本台东区立书道博物馆藏)

下面介绍一两处端方藏品的流转地。其实,住友收藏中也有唯一一件端方旧藏品,即大正十年(1921)《增订 泉屋清赏》中首次著录的"第五十图 镀金兽环方壶"。另外,东京的书道博物馆中,除宋代拓本和墓碑等之外,也藏有一件端方旧藏的鼎。两处藏品都向世人传达着旧主收藏的片鳞半爪。

另有一例。1923年山西省李峪出土了数十件青铜器,均为春秋战国时期文物,器形奇异,纹样精致。这些发掘品几乎都入了法国人汪涅克

（L.Wannieck）之手，现藏于巴黎吉美博物馆。据说，汪涅克将这批发掘品带回法国后便开始关注新出土的青铜器，他收藏的重心不再是以前的传世品。下面我们来关注一下这件转折性事例。

战国古墓的盗掘和文物流失

在这样的潮流中，1928年河南省洛阳金村的出土文物引起极大轰动。该地偶然发现了古墓葬群，其中10余座大小墓室被盗掘。这批出土的青铜器格外精致美观，施以金银象嵌和镀金等各种装饰，被鉴定为战国文物，其概要在梅原著《洛阳金村古墓聚英》（1937）中有详述。这批盗掘品已散佚海外，大多被加拿大皇家安大略博物馆收藏，部分流入日本和美国。其流转也有日本古董商的参与，他就是大阪的浅野梅吉，相关情况略述如下（参照《竹石山房 金石陶瓷》，1961年）。

从昭和五年（1930）至昭和十年（1935）前后，浅野梅吉曾经营传为金村的出土文物，售于日本及海外。住友在这些文物出土不久的1930年前后（一说是1936年）便收藏了其中的青铜蟠螭纹编钟十二器（齉氏编钟：原本一套14枚，其中2枚藏于加拿大皇家安大略博物馆），剩下的镀金金属器具收藏于日本白鹤美术馆，象嵌金属器具类收藏于美国哈佛大学福格艺术博物馆和英国大英博物馆。这批金村出土的文物，融入各种繁缛的装饰工艺，精雕细镂，动物造型充满张力，展示了战国青铜器不同于殷周彝器的精美特征。今藏于东京永青文库的"青铜金银玻璃象嵌有盖钟"等是其代表作，被指定为重要文化遗产。

鼒氏编钟十二器（泉屋博古馆藏）

最高峰——弗利尔收藏

最后，再来看看欧美藏有青铜器极品的弗利尔美术馆。众所周知，该馆内藏有查尔斯·朗·弗利尔（Charles Lang Freer）[1]收藏的青铜器58件，青铜收藏堪称全美国之最。他到中国旅游时，曾与端方会面。弗利尔之后，罗治与温利两位馆长继续收集，藏品增至百件。该馆藏品立意独特、造型别致之作居多，尤以动物造型的精品最为惹眼。另外，还有施以金银象嵌和镀金工艺的战国以后的杰作。其中包含浅野梅吉在昭和七年（1932）前后购入的传为陕西省斗鸡台出土的"青铜虎像一对"。

以上阐述了欧美青铜器收藏的特色及形成背景。住友收藏及其出版的图录发挥了巨大作用。同时，以山中商会为首，大阪的浅野等日本古美术商也为欧美带去了相当重要的藏品。他们为欧美青铜器收藏的形成做出了一定贡献，特别是从大正末昭和初至第二次世界大战前这段时间，即20世纪20年代至30年代。

---

[1] 关于查尔斯·朗·弗利尔（Charles Lang Freer）的生卒年，一说为1856—1919年，一说为1854—1919年。

西周虎尊(美国弗利尔美术馆藏)

尾声　掠夺品的去向
——国宝流出与世界渗透

伦敦中国艺术国际展览会筹备委员来日

右起第2位是山中定次郎，右起第6位是尤默福普洛斯（Eumorfopolos）

（选自《山中定次郎传》）

中国鉴赏美术的形成

伦敦中国艺术国际展览会

1935年冬至1936年春,伦敦举办了规模盛大的中国艺术国际展览会。本次展览会由热衷中国艺术的5人发起,除来自中国本土的文物外,他们还将散藏于世界各地的中国文物珍品汇集

伦敦中国艺术国际展览会会场情形

于伦敦伯灵顿,展示中国美术之精粹。在驻英大使郭泰祺的积极推动下,中国最终决定全力支持,并于1934年10月正式成立"伦敦中国艺术国际展览会筹备委员会"。其后,英国方面也派大维德(David)、尤默福普洛斯、霍浦生(R.L.Hobson)、伯希和、拉斐尔(Oscar Raphal)5人为代表赴中国选取参展文物(除伯希和以外其余4人访问了日本)。通过协商,最终决定中国方面以故宫博物院提供的735件藏品为主,加上另外6处收藏机构的藏品,总计1022件,具体情况如下。

铜器	108件	＊60件是故宫藏品,36件是古物陈列所藏品
陶瓷器	352件	＊均为故宫藏品
书画	175件	＊170件是故宫藏品
玉器	127件	＊60件是故宫藏品,65件是张乃骥(私人)藏品

考古选例（优品）	113 件	★均为中央研究院藏品
珍本古书	50 件	★均为北京图书馆藏品
家具、文具	19 件	
景泰蓝（七宝烧）	16 件	
织绣	29 件	
剔红（雕漆）	5 件	
折扇（扇面）	20 件	
杂件	8 件	

展品涵盖了中国美术工艺的所有领域，其中，陶瓷器和书画几乎尽为故宫藏品。

上海英租界举办的内部展览

准备就绪后，按照原定计划，1935 年 4 月在上海英租界外滩中国银行大厦举办了内部展览会，这是为了在运往英国之前将展品内容向国内公开。为了做得更为彻底，他们还对展品进行拍照，并加以解说，公开发行了四册《参加伦敦中国艺术国际展览会出品图说》，第一册"铜器"，第二册"瓷器"，第三册"书画"，第四册"其他"。通过这些我们今天才得以了解到展品的详细内容。

例如，铜器主要以殷周彝器为主，也包含部分汉代文物。陶瓷器以宋、明、清官窑为主，特别值得关注的是大量公开的宋代官窑青瓷和清代珐琅彩瓷。展出的书画类中，宋元明清各朝代均有涉及，其中格外惹眼的是著名的五代《秋林群鹿图》、宋代赵昌《岁朝图》、宋代苏汉臣《秋庭戏婴图》、宋代夏圭《长江万里图卷》、宋人《浣月图》等。

以今天的鉴赏水平来看，其中有些展品受当时年代所限以及展出条件的限制，的确存在一些问题，但从整体来看，此次展出的还是以故宫秘藏品为主的高规格展品。通过这次内部展览会，想必很好地向世界展示了中国正统美术的源流。

各国藏品齐聚一堂

1935年6月7日，英国军舰"萨福克号"载着包装得严严实实的90余箱中国参展品从上海出港。历时48天，航程3万余里，于7月25日到达朴茨茅斯港。之后，各国展品纷纷就位。同年11月28日，展览会在英国伦敦的伯灵顿宫开幕，在一片好评声中于1936年3月7日落下帷幕，参观人数达42万人。

最终展出的文物，按照国别具体明细如下。

奥地利	4件
比利时	28件
英国及其属地	1579件
中国	786件
丹麦	1件
法国及卢芹斋	215件
德国	85件
希腊	1件
荷兰	49件
日本	45件
苏联	13件

西班牙	2 件
瑞典	113 件
瑞士	4 件
美国	115 件
15 国总计	3040 件

英国作为主办国，自然展品数量最多，超过半数。其次是中国，约占 1/4，之所以比最初带去的数量有所减少，是因为展厅面积有限，不得已将考古学和古籍为主的 165 件文物割爱。接下来依次为法国、美国、瑞典、德国、荷兰和日本。首先值得关注的是来自世界各国超过 3000 余件藏品这个庞大的总量。

正统美术的集大成

其中，陶瓷器近 1400 件，包括中国提供的首次亮相的发掘品和明器，以及安德森收藏的唐俑等。特别是大维德的藏品竟达数百件，且质与量均出类拔萃。总体上讲，除故宫传世官窑外，又增加了新的发掘品，中国陶瓷史的全貌清晰地展现出来。铜器方面，除彝器类外，古镜及战国至两汉时期的金属器具和带钩等也列于中方展品中。据说，作为新出土文物，独具匠

宋磁州窑象牙白釉刻百合花纹盘（英国大维德基金会藏）

心的玉器也为数众多。另外，展品中还有以敦煌为代表的西域舶来品。

中方展品以故宫传世品为主。与此相对，来自各国的展品主要是许多新出土文物，但其实里面也包含大量像大维德收藏的以紫禁城旧藏为主的传世品。也就是说，在3000余件藏品中，除中方展品外，无论是发掘品还是传世品，几乎都是近代以后从中国流出的文物。从内容上看，正可谓从辛亥革命前后开始逐渐呈现全貌的中国正统美术的集大成之展。一度从中国流向世界的这些文物，再次汇集于伦敦，在那里向全世界展示中国正统美术的全貌，明确宣告了中国鉴赏美术在世界范围内的形成。中国作为这批文物的源头，给予了强大后援，而殿堂级的紫禁城藏品更是锦上添花。

再看"乳虎卣"

此次展览会上，有一件必须介绍的顶级珍品，那就是住友收藏的虎食人卣（乳虎卣）。来自日本的展品以根津嘉一郎的12件精华藏品为主，总计45件，其中之一便是虎食人卣。正是这件彰显中华文明原像的精品，成为领先世界、引领欧美的住友收藏的象征，它也标志着源起于义和团事件的近代中国鉴赏美术的形成。

支离破碎的传统文明

乾隆皇帝精心铸就的紫禁城和北京皇城内，蓄积了数不尽的文物财宝。广袤的大地上，留下一长串历史文明的足迹。尘封的中华宝库，在近代列强的武力征服下被迫打开。1900年夏，除紫禁城外，北京被蚕食，皇城被推倒，传世名器开始流失散佚。接着，各种发掘品井喷式地出土。1911

年，中国王朝体制终于走向瓦解，最后的秘库、圣域紫禁城的大门被打开。辛亥革命后，中国正统美术逐渐呈现全貌，中华文明的原像浮现出来。通过对主流实体文物的层层解析，世人最终明白这才是东亚文明的本源。日本美术风潮完成其探路者的使命后退到场外，主角中国正统美术走到舞台中央。欧美、日本相继构筑了中国美术品收藏的基础，作为成果展示，1935年在伦敦举办了大型展览会，这场盛大的宴会宣告了中国鉴赏美术的成立，它发生在义和团事件后第35年。

也就是说，闭关锁国的中华帝国被攻破后，又被强行拖上世界舞台。这股强大的力量应该称为西方近代化，它冲上世界史的舞台后，瓦解并重组了全球旧秩序。东方传统王朝体制下的帝国崩溃，该体制下产生的、历经数千年蓄积起来的中华文物因列强的掠夺和流出而变得支离破碎，被世界各国吸走。就连紫禁城内的绝品、中华文明源头的精髓，也部分流转到了海峡对岸的台湾。西方近代化力量就是如此强烈，它撕裂了东方帝国，带来无比残酷的后续影响。

盛开中华文明之美的近代

历史如同两根相互交织的绳索，互为因果，难以分辨其走向。尽管盘旋曲折，迂回反复，但历史的车轮只会无情向前，不可逆转。无论善意相劝还是苦苦哀求，历史都毫不理会，只顾无情地吞噬着古往今来的一幕幕悲剧。其中，中国的历史尤为悲壮惨烈。文物作为中国历史的精华，由每个残酷的时代孕育而成，历经淘汰流传至今。它们原本是为了证明帝王的正统性，是各朝各代潜心研究与高超技艺的结晶。在这些非凡卓越的艺术品中，蕴藏着无限的生命力，凝聚着光辉灿烂的时代精神，呈现出从根底流淌出来的严肃崇高之美。这种强烈锐利之美，既挑起了整个中华文明的主流脊梁，又超越了时代与地域渗透到全世界，达到一种真正的普世之美。其魅力甚至使掠夺者臣服，连近代西方都毫不例外。这就是中华文明，这就是其魅力所在。

当然，在历史发展的长河中，近代的潮流同样不可逆转，也无可争论。这是一场近代西欧的实力与传统中华帝国伤痕累累的邂逅，历史与文明、近代与传统、西方与东方——各种大相径庭的要素与价值观错综复杂地交织在一起，经过一番殊死搏斗，时代的洪流最终归结于一点，即世界近代中国鉴赏美术的形成。这是纯粹的文化、纯粹的鉴赏、普世之美与自律的鉴赏者之间的一场平等对话。这或许是过于理想化了的鉴赏美术的命题。但是，我想大胆地称之为美的近代。帝国的灭亡成就了20世纪涅槃重生的中华，它向世界打开了探究新美的可能性，同时也向世界提出了尖锐的质疑。

后 记

本书围绕近代中国文物流出与日本这一主题，首先选取陶瓷器，考察了日本鉴赏陶瓷器形成的过程及其意义。其次将"青铜器"作为第二个课题，以史料为鉴，探究了义和团事件中文物掠夺和流出的实际情况。此外还分析了中国鉴赏美术在世界范围内形成的过程及意义。本书的主线，首先是将"青铜器"和"义和团"结合起来，再进一步展望世界范围内中国鉴赏美术的形成。本书正文中有多处论及秦藏六著《古铜器的传来》和高桥太华著《关于中国古美术品之收集（上）》。敏锐的读者或许已经洞晓，与这二者的邂逅是拙作成书不可或缺的要素。因为这些史料是唯有作为"当事人"、作为"当时人"才可知晓的实情，是洞察事件本质的重要证言。通过这些史料，我了解到日本正式开始青铜器收藏是源于义和团运动时期来自清朝宫廷内外的流出品。而且，以义和团运动时期文物外流为契机，欧美开始从日本美术风潮转向中国美术。受两项极具启示性的证言启发，本书以厘清这些事实为目标，挑战了这第二座高峰。今天，终于完成了终章，可以放下一颗紧绷的心，感受这小小的成果带来的欣慰。

但是，刚沉浸在这小小的欣慰中，眼前马上又横亘出几座构成中华文明脊梁的高峰，如玉器、文房四宝、书法、绘画、佛教美术，等等。还有，日本人如何看待中日甲午战争，世界如何看待八国联军火烧圆明园的事件，等等。这些近代文物流失的滥觞以及必须追溯的历史洪流，一一横亘在我的面前，等待我去跨越。虽然明知歧路亡羊的道理，但山巅之美与深谷之魅，都令人神往，我将以愚公移山之精神，逐一去探寻。

最后，感谢NHK出版社的后藤多闻先生给了我这次执笔的机会，并不时给予我中肯的建议。向负责资料收集、编辑等一系列工作的高森静香、川岛治子二位女士表示衷心的感谢。至此搁笔。

2002年5月 富田升

附 记

本书中，第三章和第六章各有一部分是旧稿《日本古董商的动向——茧山龙泉堂统一资料分析》、东北学院大学论文集《人类·语言·信息》（第112号，1995年）和《山中商会展观目录研究——世界篇》（第115号，1996年）等改稿后使用，其余均为新作。

另外，第一章中"图书与文献之粹"以及第四章中"王朝的象征——秘籍《永乐大典》"均取自平成十三年（2001）"文部科学省·科研费补助金·特定领域研究（A）"《东亚出版文化研究》的部分成果。

作者介绍

富田升,1952年出生于东京。日本东北大学文学部中国哲学系本科毕业后,又于该大学研究生院文学研究科完成博士课程。曾任第一期日本学术振兴会特别研究员(任职于东京大学社会科学研究所)。现任东北学院大学名誉教授。

发表论文有《李大钊留学日本的活动及其背景》(发表于"河北省纪念李大钊同志诞辰九十五周年学术研讨会")、《社会主义讲习会与亚洲和亲会——明治末期中日两国知识分子的交流》(发表于《集刊 东洋学》)、《以大正时期为中心先驱性中国鉴赏陶瓷收集的形成与特性》(发表于日本陶瓷协会《陶说》)等。

译者后记

2019年3月，新学期伊始，一次机缘，有幸蒙大连外国语大学日本语学院崔学森老师的厚爱，获得了翻译《近代国宝海外流失录》的宝贵机会。这是我人生中的第一部译作，兴奋喜悦之余也深感责任重大。日文原作是由日本著名中国历史研究专家富田升教授所著，该书用生动细腻而又科学严谨的笔锋，阐述了义和团运动时期中国文物以各种形式散佚海外的过程。

书中涵盖大量历史、政治、文物等专业知识，对于门外汉的我而言难度颇大。因此，译作能够最终付梓，首先要感谢崔学森老师的无私倾力相助。我每完成一章的翻译，崔老师都会亲自打印出来一字一句修改。大到译文风格的把控、译语逻辑结构的调整、历史文献的精确度，小到每一个标点符号的使用，崔老师都用漂亮的字迹一一批注出来。每当接到反馈的"满篇红"修改稿，我都在汗颜自己译稿拙劣的同时，又由衷敬佩崔老师治学的严谨与译功的深厚。正如崔学森老师在其所著教材《日汉笔译实践教程》中所言："译者要对语言文字怀有崇高的敬意和明确的责任意识。"本书的翻译过程，是我跟着崔老师这位历史学家、中外交流史专家，从零学起如何做一名合格译者的过程。可以说，没有崔学森老师，就不会有今天本书的诞生。

此外，我要由衷感谢该书原作者富田升教授。富田升教授在百忙之中专程为本译作重写了日文序言，而且很贴心地由夫人赵华敏女士将其译成汉语。并且，翻译中出现了大量外国古董商姓名、欧美收藏家和博物馆馆长、文物名称及货币单位等，有些资料信息受年代和中日表达的差异，未能查到中文资料。是富田升教授，不厌其烦，详尽细致地为我提供第一手原始材料，一一进行了答复。有时为了说明一个词的含义，甚至会举出大量相关图片和背景资料。另外，富田升教授还无私地为本书提供了所有插图的原始版。不仅如此，富田升教授对中国文物外流的考证中采取的客观、公正、严谨的学术态度也令我由衷钦佩。相信该书的出版定会为我国在文物流失方面的研究提供科学的素材和新颖的视角。

感谢中国画报出版社编辑李聚慧老师和大连三本木文化传播有限公司董事长朱俊华女士的辛勤付出。

最后，要感谢我带的第一批讨论课学生（毕业论文指导小组）金昱言、刘嘉宇、李明昊、齐欣悦、朱子涵和刘子赫同学。师生7人，在日本语学院3楼一间简陋的小办公室里，每周五下午1点开始，连续3小时进行译文研讨，整整4个月，从未间断。几位爱徒在日语原文理解上虽偶有偏差，但在中文表达上，年轻人敏锐的思维之间碰撞出无数火花。我们时而为了一个译词的选择展开激烈论战，互相质疑；时而又因某同学的"译想天开"而开怀大笑。"译路艰辛"却也一路温馨。在译稿的润色加工阶段，6名同学不约而同地以《近代国宝海外流失录》为题，从不同角度选取了翻译过程中遇到的问题进行深入剖析，顺利完成了毕业论文。此次译作的完成过程，也提升了学生们对翻译深层次、全面的认识。

译作即将付梓，心中既充满期待又满是忐忑与不安。期待的是一本中国文物流失方面的历史学书籍被译介到我国，定将增加我国在该领域的研究素材和参考文献；忐忑的是自己未能很好地起到桥梁作用，既传神又达意地表达出富田升教授原文的精髓。因此，恳请各位前辈与读者不吝赐教，对译文中的瑕疵与不足，提出您宝贵的意见。再次感谢为本书的出版付出辛劳与努力的所有前辈、老师、同学和工作人员。

就此搁笔。

2020 年 7 月